Elisabeth Raffauf

Kleine Nervensägen

[handschriftliche Widmung in heller, schwer lesbarer Schrift:]

Lieber Sebastian + liebe Carina

Ein guter Rat ist wie Schnee.
Je sanfter er fällt,
desto länger bleibt er liegen
und desto tiefer — dringt er ein.

Elisabeth Raffauf

Kleine Nervensägen

*So meistern Sie die alltäglichen
Katastrophen in der Familie*

Inhalt

Es gibt keine Patentrezepte oder -lösungen, die immer und überall bei der Kindererziehung anwendbar sind. Auch Experten wissen nicht immer den richtigen Rat.

Dieses Buch ist kein Ratgeber im strengen Sinne, sondern vielmehr ein humorvoller Wegweiser durch den Erziehungsdschungel.

Erziehen ist ganz schön anstrengend

Jana liegt auf dem Boden und schluchzt herzzerreißend. Luca hat den Kampf um die Zuckerdose gewonnen und sich damit hinter das Sofa verkrümelt. Ich versuche seit einer halben Stunde ein relativ einfaches Essen auf den Tisch zu bringen: Möhren, Melone und ein paar Butterbrote. Das Telefon klingelt. »Luca, gib den Zucker her«, fordere ich meinen Sohn energisch auf. Während ich den Hörer abnehme, sehe ich aus einem Augenwinkel viele kleine weiße Pünktchen auf den Wohnzimmerteppich rieseln.

Am anderen Ende der Leitung: der Verlag.

Humor ist, wenn man trotzdem lacht

Einen humorvollen Erziehungsratgeber wollen sie herausbringen. Aus der Perspektive der Mutter zweier Kinder im Alter von zweieinhalb und viereinhalb Jahren sollen ganz normale Alltagserlebnisse mit Kindern erzählt werden. Und weil Eltern natürlich auch ernst gemeinte Tipps gut gebrauchen können, sollen aus der Sicht der Psychologin praktikable Hinweise, gute Drehs und Wendungen am Ende jeder Geschichte stehen.

»Seid mal bitte ruhig«, rufe ich Luca und Jana zu, die inzwischen lauthals darüber »disku-

6

tieren«, wem die Zuckerdose denn gehört. Der Erziehungsalltag einer Mutter sieht nicht so aus, dass dann immer die psychologischen Drehs angewandt werden oder alles so besonders lustig ist. Gerade der »Quengelfaktor« – Eltern werden wissen, was gemeint ist – nagt auch an der geschultesten Psychologin.

Expertenwissen?

Außerdem: Wie soll ich als – im »wahren« Leben – ernsthafte Erziehungsberaterin plötzlich witzige Erziehungstipps geben? Zumal Eltern manchmal ganz einfach das Lachen vergeht. Stattdessen raucht ihnen der Kopf, liegen die Nerven blank, hebt sich die Stimme und zittert der Körper: nix mit Witz und Spaß verstehen. Stoff geben meine Kinder Jana und Luca, wie die meisten anderen Kinder, genug her. Deshalb ist mir das Gefühl, nicht humorvoll über den Dingen zu stehen, auch sehr wohl vertraut, und manchmal fällt mir einfach auch gar nichts Gutes ein, außer ein verzweifeltes »Ruhe jetzt, ich telefoniere« zu brüllen, das ungehört im Flur verhallt.

> ## Expertentipps
> *Für einige Geschichten habe ich mir professionelle Erziehungsberater genommen: Judith, Alexandra, Max, Jakob und Hans, alles Kinder, zwischen elf und dreizehn Jahren. Sie geben Erziehungstipps aus ihrer Sicht, wenn ich nicht mehr weiter weiß. Für sie ist Erziehung hautnah spürbar, aber sie können auch schon gut darüber reflektieren und haben sich ihr eigenes Bild vom Verhältnis »Eltern – Kinder« gemacht. »Erziehen ist ganz schön anstrengend«, meinen etwa Max und Jakob, »besonders wenn man Zwillinge hat.«*

Jedes Kind ist anders

Kinder sind Individuen, das heißt, keines ist wie das andere. Starre Erziehungsgrundsätze sollten deshalb öfters überdacht werden.

Kinder sind alle verschieden. Sie haben unterschiedliche Vorlieben, Entwicklungsphasen, Temperamente, und sie brauchen auch ganz unterschiedliche Förder- und Entwicklungsbedingungen. Eltern finden oft die Worte aus ihrer Kinder Munde »unwiderstehlich, hinreißend, genial, originell«, andere finden das überhaupt nicht. Spätestens wenn mein Gegenüber bei einer für mich total witzigen Anekdote nicht mehr als ein gequältes Lächeln übrig hat, weiß ich: Ich sollte besser das Thema wechseln, der findet das nicht so umwerfend und lustig. – Muss er auch gar nicht. Ich berichte in meinen Geschichten hauptsächlich aus dem Alltag mit meinen Kindern, weil ich den am besten kenne. Für manche Geschichten habe ich auch Freunde, Kollegen oder Bekannte gefragt: »Wie hältst du es mit der Religionserziehung, mit dem Fernsehen, mit der Aufklärung?« Die Erlebnisse sind also erstmal individuell, häufig wird es aber den Effekt geben: »Das kenne ich« oder die Frage: »Wie lösen denn andere dieses Problem?« Mit den meisten Stichworten können alle Eltern etwas anfangen, in manche Probleme sind sie selber verstrickt, andere kennen sie nur vom Hörensagen, aber sie können sie gut auf ihre eigene Situation übertragen. Sie können vergleichen, sich fragen: »Wie ist das bei mir?« und Situationen klarer erkennen, die bislang immer wieder nach demselben Muster abliefen und bei denen Sie deswegen immer wieder in der Sackgasse landen.

Und außerdem tut es manchmal auch einfach nur ganz gut, zu sehen, dass andere Eltern ähnliche Fragen und Probleme haben.

Die »richtige« Lösung gibt es nicht

Für manche Situationen gibt es nicht gleich »glückliche« Lösungen. Ich versuche z. B. seit Monaten, meinem Sohn Luca ohne Gezeter die Haare zu waschen. Vormachen, gegenseitiges Waschen und Schaumfrisuren haben bisher nicht den durchschlagenden Erfolg gebracht. Auch dem Gang ins Schwimmbad, nach dem dann alle, auch der große Hans, unter der Dusche stehen und spielen, daß sie es selber regnen lassen, hat er eisern widerstanden. Es nutzte nichts: Die »Schermaschine« meiner Freundin Kerstin musste her, die Haare bis auf einen Zentimeter ab. Jetzt benetzt er sich, wenn er gut gelaunt ist, die Haare gelegentlich vorsichtig mit einem feuchten Waschlappen.

Für andere Probleme finden sich mal »gute Lösungen«, beim nächsten Mal wieder nicht. Keiner wird als Eltern geboren, und Eltern sind auch nur Menschen.

Die Geschichten können vielleicht Anregungen geben, mit scheinbar festen Mechanismen anders umzugehen, mit dem Partner zu reden, sich als Eltern anders zu verhalten oder doch etwas mit Humor zu nehmen. Eins ist klar: Kinder sind keine Tyrannen oder Monster oder Terroristen, die böswillig ihre Eltern attackieren und ärgern wollen. Sie proben vielleicht manchmal den Aufstand. Und dafür könnten Eltern sie verständlicherweise auch gelegentlich auf den Mond schießen – ohne Rückfahrkarte natürlich.

Kinder probieren alles aus. Sie nehmen, was sie kriegen können, und das ist auch gut so, ganz gesund und außerdem völlig normal. Es liegt an uns, ihnen zu zeigen: Das geht so nicht oder das geht genau so.

> ### Die großen Jungen
> Trost des zweieinhalbjährigen Luca:
> »Mama, wenn man ein großer Junge ist, dann braucht man ja keine Eltern mehr, ne.«

Abholen

Ein schöner Nachmittag: Die Kinder sind ins Spiel versunken. Eingetaucht in die Welt der Drachen, Gespenster und Eisenbahnschaffner merken sie gar nicht, was um sie herum passiert. Als es klingelt, verstecken sie sich schnell hinter dem Vorhang. Eine Mutter betritt den Kindergarten: »Hallo, kommt ihr? Ich hab's eilig, zieht euch die Schuhe an, wir müssen los.« Erschrocken blicken die kleinen Gespenster auf. »Nein«, entfährt es ihnen.

Manchmal verstehen Kinder ihre Mütter einfach nicht. Ausgerechnet jetzt, wo's gerade so schön ist, alles liegen und stehen lassen...?

»Eilig?« ... »Schuhe anziehen?« ... Das haben sie jetzt überhaupt nicht im Sinn. Es ist doch gerade so schön. Wer von uns möchte schon gern, wenn der Krimi am spannendsten ist, abgeholt werden? Janas Freundin Susie kann es überhaupt nicht leiden, aus dem Spiel gerissen zu werden. Noch dazu, wenn sie es gerade geschafft hat, die Prinzessin zu sein, und sie jetzt glückselig mit ihrem Prinzen auf dem Schloss hockt und überlegt, wer von ihnen das Baby bekommen soll. Auf jeden Fall sollte es ein Mädchen sein und Lisa heißen. Oder vielleicht doch besser Zwillinge, dann könnte jeder eins kriegen ...

10

Ich will aber noch hier bleiben

Kommt ihre Mutter sie in solch einem Moment aus dem Kinderladen abholen, ist sie sauer: »Ich will aber noch hier bleiben. Geh weg!«, schreit sie ihr direkt entgegen. »Nee, komm, ich muss los, zieh' dich an.« – »Nein.« Susie versteckt sich. »Okay, noch eine Minute.«

Dann folgt der gleiche Dialog. »Jetzt reicht's«, sagt ihre Mutter, »komm jetzt.« – »Nein, geh' weg.« Susies Mutter wird ungeduldig. Die innere Uhr tickt: Ich muss noch einkaufen, Essen machen, die Oma anrufen, die Kinder ins Bett bringen, den Babysitter einweisen und dann schnell zum Elternabend, rast es durch ihren Kopf. Sie zerrt die Kleine Richtung Haustür, nimmt sie unter den Arm, und unter großem Geschrei verlassen zwei völlig entnervte Menschen das Haus.

> ### Einfühlsames Abholen
> *Manchmal reichen schon fünf Minuten, um die Kinder zu Ende spielen zu lassen und dann in etwas Neues aufbrechen zu können. Oder, wenn weniger Zeit da ist, hilft es vielleicht, den Kindern etwas in Aussicht zu stellen. Die Vorfreude auf eine schöne Gespenstergeschichte, das »Mauerlaufen« auf dem Heimweg oder das Prinzessinnenspiel mit der Mutter – auch wenn sie natürlich kein echter Prinzenersatz ist – macht den Abschied leichter.*

Andere Länder, andere Sitten

Japanische Mütter, so erzählt der Kinderpsychologe Bruno Bettelheim, machen das alles ganz anders als amerikanische oder westeuropäische Eltern: Während Letztere nachmittags, wenn sie den Kindergarten betreten, ihren Kindern in aller Eile den Mantel anziehen und sie ins Freie zerren, nehmen japanische Mütter erstmal schweigend Platz. Sie hocken sich geduldig auf ein Kinderstühlchen, ohne zunächst ihre kleine Tochter auf sich aufmerksam zu machen. Irgendwann sprechen sie die Kleine vielleicht an, aber sie beeilen sich genauso wenig wie die Kinder, die sich weiter mit den Dingen beschäftigen, die sie interessieren. Manchmal dauert so ein Aufbruch eine Stunde, und erst dann verlassen Mutter und Kind vergnügt den Kindergarten. Eine Stunde Zeit zum Abholen hat ja nicht unbedingt jeder normal arbeitende Mensch in Deutschland. Aber vielleicht gibt es noch etwas dazwischen. Es kann schon helfen, sich vor dem Betreten des Kindergartens in die Lage des Kindes hineinzuversetzen. Die Kinder sind mitten im Spiel und von der Hektik draußen haben sie keine Ahnung. »Warum auch?«

> ### Judith und Alexandra zum Thema »Schnell heimgehen«
> *»Ich find' das blöd, wenn meine Eltern mich bei einer Freundin abholen und dann sagen: ›Wir müssen jetzt ganz schnell gehen.‹ Die sollen sich lieber noch fünf Minuten hinsetzen und mit den anderen Eltern einen Kaffee trinken.«*

Angst

J ana ist ein ängstliches Kind«, eröffnete uns eines Tages die Leiterin des Kindergartens. Wenn ein anderes Kind auf sie losgehe, weine sie, anstatt sich zu wehren. Sie, die Leiterin, habe schon versucht, ihre Hand zu nehmen und damit zurückzuhauen, aber das mache die Sache nur noch schlimmer. Wir waren betroffen. Wieso ist unser Kind ängstlich? Was haben wir falsch gemacht? Wir wollten doch ein mutiges, starkes, selbstbewusstes Mädchen, das mit der Welt zurecht kommt … Meine Kollegin Angela gab mir einen Hinweis: Ihre Tochter Barbara entpuppte sich in der Kindergruppe auch als sehr ängstlich. Zu einem Zeitpunkt, wo andere Kinder es schon gut ertragen konnten, dass die Mutter sich für einige Zeit entfernt, konnte sie immer noch nicht vom Rockzipfel lassen. Sie wollte überall mit hin.

> ## Das Angstgespenst geht um
> *Wenn Kinder Angst haben, scheint das wiederum den Eltern Angst zu machen. Ängste sind keine »Untugenden«. Im Gegenteil: Ängste zu haben und zu registrieren kann in manchen Situationen ein hilfreicher Schutz sein. Wichtig ist es, Angst weder herunterzuspielen noch zu dramatisieren.*
> *Am sichersten fühlen sich Kinder, wenn sie selber mit den Ängsten umgehen lernen.*

Einfühlsam die Ursachen suchen

Angela wurde irgendwann unwillig. Sie spürte auch, dass natürlich die anderen Eltern, die wechselweise Dienst im Kindergarten hatten, die Kinder miteinander verglichen und feststellten: Barbara ist ein besonders ängstliches Kind. Auch machte Angela sich ein schlechtes Gewissen: »Vielleicht liegt es daran, dass Barbara nach der Geburt sechs Wochen lang im Inkubator ohne Körperkontakt verbracht hat?« Sie thematisierte das Problem

Der Unterschied von Fantasie und Wirklichkeit ist noch sehr vage: Grünäugige Ungeheuer sind genauso Furcht erregend wie Räuber und Einbrecher.

mit allen Betreuungspersonen, und es wurde beschlossen, dass Barbara dahingehend unterstützt wurde, dass sie immer an der Hand bleiben durfte. Irgendwann hat sich die Anhänglichkeit von selber gelöst. Barbara schien erst die Sicherheit zu brauchen, die sie vielleicht noch nicht so hatte, um sich dann von dieser Basis aus frei bewegen zu können. Jana musste lernen, sich abzugrenzen. Wir haben sie bestärkt, »nein« zu sagen und sich gegen Attacken anderer dahingehend zu wehren, dass sie ganz klar sagt, was sie nicht möchte, oder weggeht.

Angst vor Dunkelheit und wilden Tieren

Ich erinnere mich an meine Kindheitsängste, allein in den Keller zu gehen, und war richtig erleichtert, dass selbst mein Vater sich an diese seine Angst lebhaft erinnern kann: Wenn er in den Keller musste, hat er sich selber Mut gemacht und laut vor sich hingesprochen: »Ich bin zwar klein und auch noch jung, aber ihr glaubt ja gar nicht, wie stark ich bin.« Die so genannte Dunkelangst bei Kindern ist offenbar generationenübergreifend.

Ängste nehmen manchmal auch sehr real Gestalt an: Da spazieren plötzlich Krokodile, Löwen und Tiger durch die Wohnung. Geister und Gespenster hängen am Fenster oder haben es sich unter der Bettdecke bequem gemacht. Bei Luca ist es meist ein Geist oder der böse Wolf, die ihn etwa zwingen, sich auf sein Bett oder zu mir unter die Decke zu verkrümeln. Seine Cousine Flori hat von ihrer Mutter Caroline gelernt, dass man böse Krokodile aus der Tür rausfegen kann. Wenn wieder ein solches Untier in ihrer Wohnung aufgetaucht ist, holt sie sich einen Besen und verjagt es. Das habe ich Luca erzählt, aber er hat sich schon selber was ausgedacht: »Man kann sie auch anschreien«, erklärt er und schreit sich aus Leibeskräften das Untier vom Hals. Eine andere Variante: Das Gruselige einfach umwandeln – Luca erklärt das böse Wesen, das ihm gerade noch Angst und Schrecken eingejagt hat, plötzlich zu einem lieben Gespenst oder einem lieben Wolf.

»Das ist ein Lieber«, sagt er dann, »der tut nix.«

Eine weitere Methode praktiziert sein Freund Tim. »Uuaahh« schreiend stürzt er manchmal auf seine Eltern, Schwester oder angstvoll zurückweichende Freunde los und erklärt zähnefletschend: »Ich bin ein wilder Tiger.« Identifikation mit dem Angreifer nannte die Psychoanalytikerin und Kindertherapeutin Anna Freud diese Methode. Für Tim heißt das ganz klar: Wenn ich der Böse bin, dann kann es ja kein anderer mehr sein.

> ## Geisterschutz auf Indonesisch
>
> *In Indonesien gibt es vor den Häusern kleine Mäuerchen, um die man herumgehen muss, um zur Haustüre zu gelangen. Das schützt vor bösen Geistern, denn böse Geister, so weiß man, können nicht um die Ecke gehen.*

15

Anziehen

Nackedei laufen« – für Adam und Eva war es das Natürlichste auf der Welt. Man quälte sich nicht mühevoll in Latzhosen, Bodies oder Schnürschuhe. Pampers waren weitgehend unbekannt – paradiesische Zustände für Eltern und Kinder. Der kultivierte Erwachsene kennt das heute fast gar nicht mehr. Irgendeinen Fetzen hat er meistens am Leib. Und natürlich hat er eine Vorstellung davon, wie seine Kinder rumlaufen sollen. Kinder sind da »ursprünglicher«, wie man so schön sagt. Ständig sind sie damit beschäftigt, sich irgendetwas vom Leib zu reißen, egal ob die Außentemperaturen es zulassen oder nicht.

Klamotten beklemmen eben. Wohl aufgrund dieser Seelen- oder Körperverwandtschaft zu den ersten Menschen haben Jana und Luca abends eine Runde »Nackedei laufen« eingeführt.

Kleinen Kindern sind Marke und Design ihrer Kleidung noch relativ egal. Sie wollen vor allem nach Lust und Laune umhersausen können.

Lieber Nackedei laufen

Das heißt: Wenn die Kleidung aus- und der Schlafanzug an-
gezogen wird, dürfen sie fünf Minuten nackt durch die
Wohnung toben. Der Kampf zwischen Ursprünglichkeit
und Kultur folgt dann spätestens, wenn wir zum Anziehen
blasen. – Morgens ist die Situation verschärfter. Da fliegen unter
Zeitstress gelegentlich die Fetzen, bevor sie am Leib hängen. Heu-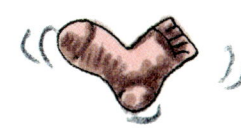
te Morgen z.B. war eigentlich ein schöner Morgen, ohne Zeit-
stress: Ich suche in Ruhe die Klamotten der Kinder zusammen, stelle Luca das kleine Klo ins Wohnzimmer und ziehe Jana an. Sie
hampelt auf meinen Knien herum – »irgend-
wo muss ich ja stehen, Mama« – und lässt sich
ihr Kleid überstreifen. Luca sitzt auf dem Klo
und spielt Flummi. Gut, dann ziehe ich zuerst
mich an, duschen kann ich ja später noch …
Jana lässt sich bereitwillig ihre Schuhe anziehen. Luca sitzt immer noch auf dem Klo. »Fertig«, ruft er irgendwann und beguckt stolz
sein »Aa«. Nur ein bisschen hampelnd lässt er
sich dann Body und Pullover überstreifen.

> ### Der eigene Wille
> *Kinder wollen sich ausprobieren,*
> *ihren eigenen Willen durchsetzen,*
> *die Grenzen austesten. Manchmal*
> *hilft es, nicht zu drängeln, gege-*
> *benenfalls sogar mit der Ankün-*
> *digung: Okay, dann ziehe ich dich*
> *nicht an.*

Der Urmensch ruft

Als er Windel und Hose auf sich zukommen sieht, scheint er sich
an seine Ursprünglichkeit zu erinnern. »Ich kann nicht mehr sitzen«, gibt er vor. »Leg' dich hin, ich zieh' dir schnell die Sachen
an.« – »Kann nicht mehr liegen.« Wenn ich ihn aufs Sofa lege, rollt
er sich direkt zur Seite und steht auf. Das Spielchen geht ein paar-
mal hin und her, bis ich den Spaß verliere. »Okay, dann ziehe ich
dich nicht an.« Als ich den Kaffee gekocht habe, ein Sinneswan-
del: »Mama, kannst du mich anziehen?« – Doch schon ein bisschen
Kultur. Die erste Hürde ist genommen. Es ist kalt, das heißt: Hals-
tücher, Weste, Jacke, Mütze, Schal. Jana hat sich kunstvoll mehre-

In vielen Familien gehört die Diskussion vor dem Kleiderschrank zum morgendlichen Ritual.

re Spangen ins Haar drapiert: »Ich will keine Mütze anzieh'n.« – »Doch, du musst 'ne Mütze anziehen, es ist zu kalt.« – »Ich will aber nicht.« – »Bitte, du erkältest dich und wirst krank.« – »Nein, ich will aber nicht.« – »Wenn du krank bist, kannst du nicht in den Kindergarten.« – »Ich will aber nicht.« Ich versuche Luca die Schuhe anzuziehen. »Erst die Kappe aufsetzen.« – Okay, ich versuche mich selbst zu bremsen. Luca fuchtelt mit seiner Kappe herum, setzt sie aber nicht auf. Ich gucke auf die Uhr. »So, jetzt ziehen wir die Schuhe an.« – »Nein, erst die Kappe aufsetzen.«

Es wird Zeit

Luca fummelt weiter mit seiner Kappe herum, setzt sie aber nicht auf. Unter großem Gequengel ziehe ich ihm seine Schuhe an. Rechter Schuh, linker Schuh, das dauert. Jetzt kommt der Mantel. Jana ist inzwischen im Kinderzimmer und sucht ein Buch – natürlich nicht irgendeines, sondern das mit der Ente –, das sie noch mitnehmen will. »Will auch ein Buch mitnehmen.« Bevor ich michs versehe, entwindet Luca sich meinen Armen und klettert auf die Hocker-Stuhl-Konstruktion, die Jana sich errichtet hat, um an das oberste Buchfach im Regal zu kommen. Ich gucke auf die Uhr, greife mir den jungen Mann, unter Gezeter versteht sich, und versuche ihm den Mantel anzuziehen. Er entwindet sich, zieht sich sofort wieder aus, um nochmal in Richtung Kinderzimmer zu stürmen.

Es empfiehlt sich, wann immer man vorhat, das Haus zu verlassen, doppelt soviel Zeit einzuplanen wie gedacht. Denn mit Kindern kommt bestimmt alles ganz anders.

18

Das Ende der Gelassenheit

Schluss jetzt, der Mantel wird angezogen. Schließlich sind wir um sieben Uhr aufgestanden. Mittlerweile ist es kurz nach halb zehn – um viertel nach neun müssen die Kinder aber spätestens im Kindergarten sein. Die verärgerten Blicke der Erzieherinnen sind uns schon wieder sicher. Mir rinnt der Schweiß von der Stirn – ich könnte mich schon wieder umziehen. Unter viel Protest wird der Mantel angezogen. Das gleiche Spektakel wie mit den Schuhen.

Luca setzt sich nun endlich doch die Kappe auf. Es ist kalt. »Ihr müsst noch einen Schal anziehen.« – »Der ist so kratzig«, und Luca reißt sich den Schal sofort wieder vom Hals. Es stimmt, der ist kratzig. »Willst du meinen anziehen?« – »Nein, der ist auch kratzig«, entgegnet Luca. – »Okay, ich besorge dir einen neuen, aber jetzt habe ich keinen und draußen ist es so kalt.« Ich schaue auf die Uhr. Unter Tränen und Gezeter verlassen wir das Haus in Richtung Kindergarten.

Unglücklich sind wir alle ein bisschen über so einen versaubeutelten Start in den Tag. Was soll das? Warum kann es nicht einmal friedlich abgehen? Die wissen doch ganz genau, dass sie angezogen werden müssen, warum also immer diese Kraftprobe?

Zum Teufel mit dem Ursprünglichen! Die Kindergärtnerin findet tröstende Worte. Es sei schon mal eine Mutter gekommen, die habe tatsächlich ihren Sohn im Schlafanzug abgeliefert. Wenigstens gibt es anderswo auch keine paradiesischen Zustände.

> ## Max und Jakob und die Kleiderfrage
>
> *Wenn man irgendwie 'ne warme Jacke anziehen soll oder so, dann können die den Kindern das ja erstmal sagen, wenn die dann nicht damit einverstanden sind, fänd' ich es gut, wenn die dann sagen würden:«Ja, okay, jetzt hab' ich dir das ein paarmal gesagt, jetzt reicht's auch, jetzt musst du darauf selber achten. Und wenn du eine Erkältung kriegst, hast du Pech gehabt.«*

Aufklärung

Mama, krieg' ich auch einen Busen?«, »Wann hab' ich Haare auf der Scheide?«, »Wann bin ich eine Mama?« oder »Wo war ich, bevor ich auf der Welt war?« So etwa lauten die Fragen, die Kinder ab drei Jahren beschäftigen. Früher hatten Eltern es da ziemlich gut: Es gab den Klapperstorch und die Bienchen, und die haben das alles irgendwie für sie übernommen. Heute haben wir den Anspruch, »die Wahrheit« zu sagen, nicht nur, um unsere Kinder zu schützen und unsere eigene Offenheit zu demonstrieren, sondern auch, weil wir sonst Gefahr laufen, von den Kindern überführt zu werden: »Mama, soll ich dir mal sagen, wie es wirklich ist ...« Dass Frauen eine Scheide haben und Männer einen Penis, gehört noch zu den leichtesten Übungen, das wissen Jana und Luca schon länger.

Locker vom Hocker?

Aufklären ist nicht so einfach. Das ist aber auch nicht schlimm. Schwierig wird es, wenn Eltern betont locker sein wollen, es aber nicht sind. Das merken Kinder sofort. Dann ist es einfacher, zu sagen: »Mir fällt es schwer, darüber zu reden, lass uns mal ein Buch zusammen anschauen.«

Jana baut diese Worte selbstverständlich in ihre Sätze ein. So sang sie im letzten Sommer: »Winter ade, die Scheide tut weh.«

Wo kommen denn die Kinder her?

Schwieriger wird es bei anderen Fragen: »Mama, wo war ich, bevor ich auf der Welt war?« Ehrlich gesagt, als die Frage zum ersten Mal von Jana kam, habe ich mich irgendwie rausgeredet. Ich wusste nicht, was ich sagen sollte. Abgesehen davon, dass die Frage schwer zu beantworten ist, hätte es ja meinerseits einen Versuch mit dem Samen und der Eizelle geben können, aber es war mir peinlich. Und eine Antwort wie: »Du hast auf einer Wolke gesessen und zu uns runtergeguckt« ist zwar sehr bildhaft, hat aber auch ihre Tücken. Luca, offenbar tief beeindruckt von der Vorstellung, dass er oben auf einer Wolke gesessen hat, fragte direkt nach: »Und wie bin ich da hoch gekommen?« – »Tja, wie bist du da hoch gekommen?«, überlegte ich krampfhaft. Wir saßen gerade beim Frühstück, und Heiner guckte mich schadenfroh an, nach dem Motto: »Jetzt sieh zu, wie du das erklärst.« Zu meiner Rettung: Nach etwa einer halben ratlosen Minute kam die Lösung des Problems von Luca selber: »Vielleicht bin ich auf einer Leiter da hoch geklettert«, vermutete er. Puh, nochmal Glück gehabt. »Ja, das könnte sein«, griff ich seinen Vorschlag erleichtert auf. Aus der »Nummer« war ich raus, aber die nächste »Fangfrage« von Luca folgte schon kurze Zeit später: »Mama, was kann man damit machen?«, fragte der Zweijährige, ein Päckchen Kondome schwenkend. »Die kann man über den Penis ziehen«, erklärte ich, froh, wenigstens etwas sagen zu können – und er wollte Gott sei Dank nicht wissen, zu welchem Zweck. Stattdessen machte er sich an dem Päckchen zu schaffen, um das mal auszuprobieren. Meine Freundin Marion, Mutter von drei kleinen Mädchen, stellte sich da geschickter an: Ihre Töchter, beeindruckt von den dicken Bäuchen einiger Mütter

Die »richtige« Aufklärung gibt es nicht. Patentrezepte, die angeben, was wann gesagt oder gezeigt werden soll, müssen misslingen, weil sie weder zu den erklärenden Eltern noch zu den aufzuklärenden Kindern »passen«.

21

Bei unverhofften Frage zu so genannten Tabuthemen brauchen Sie nicht in betretenes Schweigen »auszubrechen«. Kinder gehen viel natürlicher damit um als Erwachsene.

im Kindergarten, wollten wissen: »Mama, wo ist das Baby und wie kommt das da raus und wo ist das vorher?«

Marion erklärte, dass es im Bauch der Mutter kleine Eier gibt, aus denen irgendwann Babys werden können. Und dass die Babys dann durch die Scheide rauskommen.

Gute Bücher können helfen

Abends lasen sie ein Buch, in dem es um die Geburt eines Babys geht. Wie das Baby denn in den Bauch kommt, wollte die vierjährige Johanna wissen. Das war der dreijährigen Theresa sonnenklar: »Das wird durch die Muschi reingestopft und dann wieder rausgeholt.« Marion fragte die Mädchen: »Wozu ist der Penis des Mannes?« – »Zum Pipi machen natürlich«, wussten die drei. »Nicht nur«, erklärte die Mutter weiter, »wenn zwei sich lieb haben, dann schlafen sie miteinander und dann steckt der Mann seinen Penis in die Muschi von der Frau und dann können die Eier wachsen …« – »Mmh, geht das bei uns auch?«, wollten die Mädels wissen. »Nein, das geht nur bei Großen.« – »Jetzt lies mal weiter«, forderten die Mädchen, und damit war das Thema erstmal erledigt. Tage später kam eine Bitte:

22

»Mami, der Papi soll seinen Penis noch-mal bei dir reinstecken.« Ein Schwester-chen wünschten sie sich, besser noch zwei. Sollten die Andern im Kindergarten doch sehen, dass ihre Mami auch einen dicken Bauch haben könnte. Tabuthemen anzusprechen mag den Eltern noch gelin-gen, aber was bedeutet es, eine lustvolle Sexualität vorzuleben?

Liebe

Aufklärung andersherum

Missverständnisse kommen vor. Wir haben es auch mal mit einem Buch versucht. Eine Woche später erklärt Luca: »Mama, wenn ich groß bin, steck ich meinen Penis in deine Scheide und ›plöp‹ hab' ich ein Baby im Bauch.« Mein Einwand, dass er sich dann eine andere Freundin suchen würde, hat ihn nicht be-sonders irritiert. »Ich möchte ein Brüderchen«, fuhr er fort.

Auch wenn's manchmal schwierig ist: Wenn Kinder Fragen zu Sexualität und Körperbeschaffenheit stel-len, sollten Sie die Chance nutzen, mit ihnen darüber zu reden. Dabei müssen Eltern nicht den Anspruch haben, ihre kleinen Kinder komplett aufzuklären. Je nach Alter interessiert diese häu-fig eine bestimmte Frage, und dann sind auch erst mal die Rutsche oder das Feuerwehrauto spannender.

Wichtig ist, zu zeigen, dass Sexualität auch mit Gefühl und mit Liebe zu tun hat und etwas Schönes sein kann. So sind die Kinder am besten gewappnet gegenüber dem Ein-druck, Sex sei etwas Schmutziges, Techni-sches. Liebevolles miteinander Umgehen zu Hause ist auch ein wichtiger Beitrag. Ein offe-nes Klima zu Hause, in dem die Kinder spüren: Wir können darüber reden, ist wichtig, um Kinder zu schützen. Außerdem bereichert es Eltern und Kinder. So erklärte eine Neunjährige ihrer Mutter: »Ma-ma, ich weiß schon alles, sag' mir nur: Was ist eigentlich Orakelsex?«

Aufräumen

Für mich gibt es so ein paar »Hassbeschäftigungen«, Aufräumen ist eine davon. Das habe ich immer gehasst und bei jedem Aufräumwettbewerb, den meine Mutter mit meinen Geschwistern und mir veranstaltet hat, habe ich nur deshalb gewonnen, weil ich einfach alles in meinen Schrank gepfeffert habe. Wenn meine Mutter ihn bei der Punktevergabe einmal aufgemacht hätte, wäre ihr der ganze Kladderadatsch entgegengeflogen. Die Notwendigkeit einer gewissen Ordnung war mir früher nicht so klar. Das änderte sich schlagartig, als die Kinder da waren. Es muss aufgeräumt werden, möglichst jeden Tag, sonst droht ernste Erstickungsgefahr. Mit kleinen Kindern räumt man in einer Ecke auf, während in einer anderen gerade schon wieder die nächste »Baustelle« entsteht.

Ordnung regelt das Zusammenleben und ist nötig. Ordnung ist aber oft ein Konfliktstoff: Neben dem Essen ist der Streit um eine ordentliche Wohnung Spitzenreiter unter familiären Streitthemen.

Der eigene Horror lässt sich, glaube ich, nur eindämmen, indem jeder seinen Kram selber aufräumt, und das, so habe ich es mir vorgenommen, sollten Jana und Luca möglichst früh lernen. Dieses mein Ansinnen stößt allerdings auf Widerstand, und das kann eigentlich nur daran liegen, dass sie noch nicht so »weise« sind wie ich und noch nicht diese »Vorerfahrung« haben – oder aber es gibt doch ein »Aufräumhass-Gen«, dann hätte ich meine tiefe Abneigung längst vererbt und man könnte nichts mehr machen.

Ich weiß, wo alles ist

Warum aufräumen? »Damit man immer alles gut wieder findet« ist kein Argument. Es ist nämlich tatsächlich so: Von den meisten Sachen wissen die Kinder auch noch, wo sie sind. Frage ich Jana: »Wo hast du denn die Schere hingetan?« krabbelt sie in die hinterletzte Ecke des Kinderzimmers und befördert das Gerät zutage. Warum also soll nicht alles so bleiben, wie es ist? Im Gegenteil: Wenn mitten im Wohnzimmer aus Sofakissen, Bügelbrett, Hockern, Puppenwagen, Bobbycar und Bettdecken kunstvoll in mühsamer Kleinarbeit eine Höhle entstanden ist, kann die doch nicht einfach irgendeiner unsinnigen Aufräumaktion, zu der keiner Lust hat, die also eher schlechte als gute Laune ausstrahlt, zum Opfer fallen. Das leuchtet ein. Und was ist, wenn die Duplo-Lego-Puppen-Plüschtier-Auto-Kochtopf-Eisenbahn-Kreide-Perlenberge so hoch angewachsen sind, dass das Bett nur noch mit einem Bagger erreicht werden kann, wegen Spielzeugsoße auf der Fahrbahn?

> ## Kleine Kinder brauchen Hilfe
> *Zusammen mit den Kindern aufzuräumen, Stück für Stück, ist das beste und überschaubarste Mittel, um nicht jeden Abend alleine mit den Spielzeugbergen ringen zu müssen. Selbst wenn es am Anfang gemeinsam länger dauert – Aufräumen muss auch erst gelernt werden.*

Gut, dann muss aufgeräumt werden. Aber alleine? Zu Recht sagt Jana, wenn es ums Aufräumen geht: »Das ist mir zu viel. Ich weiß gar nicht, wo ich anfangen soll.« So geht's mir ja auch. Mir ist das auch zu viel. Einziges probates Mittel: Mithelfen, Schritt für Schritt. »Erst kommen alle Duplos in die blaue Holzkiste, dann alle Stifte in die gelbe, alle Plüschtiere setzen wir oben aufs Regal.« So geht es, das schafft Jana und ist sogar am Ende stolz auf ihr Werk.

> ## Judith und die ordentliche Mama
>
> *»Wenn alles voll aufgeräumt ist, dann soll meine Mutter nicht einfach sagen, dass da noch zehn Jahre weiter aufgeräumt werden muss. Es muss ja nicht super hyper mega aufgeräumt sein. Manchmal ist das voll ordentlich und sie meint, da ist totales Chaos. Mir reicht's, sie muss ja nicht in mein Zimmer gucken.«*

Ordnung als Prinzip

Luca ist noch klein. Und er hat einen Ordnungssinn eigener Art: Schubladen müssen immer geschlossen sein. Selbst wenn man gerade was rausnehmen will, kommt der junge Mann angerannt und schmeißt sie mit lautem Getöse zu. Die Spülmaschine muss auch immer eingeklinkt werden, wenn's klappt, wird sie dabei gleich angestellt. Der Mantel wird immer fein säuberlich an den Haken der Kindergarderobe gehängt, auch wenn wir gerade gehen wollen, das »Klöchen« muss immer auf derselben Stelle auf dem Wohnzimmerteppich stehen, selbst wenn dann mal was daneben geht. Er räumt die ganze Stiftekiste leer und setzt sich selber rein: »Mama, bin ich ein Stift?« Mir fällt keine passende Antwort ein…

Ausspielen

Babys sind Müttersache. Da können Väter sich drehen und wenden, wie sie wollen. In der Regel jedenfalls. Gerade wenn die Kleinen gestillt werden, bilden sie mit ihrer Mutter eine untrennbare Symbiose, in der kein Dritter Platz hat. Im Gegenteil: Heiner fühlte sich häufig wie »das fünfte Rad am Wagen«, besonders in solchen Situationen, in denen Jana oder Luca schrien und er gerade keine Muttermilch zur »Hand« hatte. Ich konnte ihn einerseits gut verstehen, andererseits fühlte ich mich natürlich besonders »gebauchpinselt«. Ob ich es wollte oder nicht, es schmeichelte mir schon, so eindeutig gewollt zu werden. Dass so ein kleiner Wurm gar keine

> ### Am liebsten beide
> *Wenn Kinder lieber von Papa gewickelt oder nur von Mama gewaschen werden wollen, ist es gut, ihnen nach Möglichkeit ihren Willen zu lassen. Eine »Zurückweisung« auf keinen Fall persönlich nehmen. Kinder »üben« entscheiden, was für sie schwer genug ist. Am liebsten haben sie in der Regel Papa und Mama.*

andere Wahl hat, kam mir erstmal nicht in den Sinn. Irgendwann lockert sich das, zumindest wenn Väter da sind und Spaß daran haben, sich um die Kinder zu kümmern, und die Mütter sie auch lassen. Dann nehmen sie mehr Platz ein, und das ist auch gut so. Kinder haben so zwei ganz unterschiedliche Lebensmodelle. Vätern fällt in dieser Konstellation die Aufgabe zu, einen Keil zwischen Mutter und Kind zu treiben – eine wichtige Hilfe zur Selbstständigkeit.

Blöder Papa – liebe Mama

Bei uns ist es heute etwa so: Heiner bringt morgens die Kinder in den Kindergarten. Spätestens wenn er Luca die Schuhe anziehen will und der noch seine Duplos im Sinn hat, ruft er: »Nein, Mama, die Mama soll.« – »Die Mama hat jetzt keine Zeit«, versucht Heiner manchmal noch

Kindererziehung erfordert Entschlossenheit, Mut und Hingabe, außerdem Respekt und Durchhaltevermögen. Wer droht auszuflippen, lässt sich, wenn möglich, vorher von seinem Partner ablösen.

zu argumentieren. In der Regel nützt das aber nichts. Meist komme ich dazu und übernehme. Luca setzt sich dann zufrieden auf meinen Schoß, lässt sich die Schuhe anziehen und flüstert mir ganz vertraulich ins Ohr: »Von der Mama lass ich mir die Schuhe anziehen.« Heiner nimmt diese »Ablehnung« in der Regel gelassen. Ganz selten, wenn er sehr angespannt oder gereizt ist, wird er laut oder versucht Luca gegen seinen Willen – und der ist sehr stark – anzuziehen. Wir verhalten uns meist nach der Devise: Wenn einer auszuflippen droht oder nervlich sehr beansprucht ist, löst der andere ihn, wenn möglich, ab. Das hilft allen Beteiligten.

Blöde Mama – lieber Papa

Den Ausgleich schafft Jana. Sie hat lange Phasen mit eindeutiger Papa-Präferenz: »Der Papa soll mir Saft geben, der Papa soll mir die Nudeln klein schneiden, der Papa soll mir die Schuhe zubinden. Ich will dahin, wo der Papa hinwill.« Letztens vertraute sie mir beim Ins-Bett-Bringen an: »Mama, den Papa hab' ich ein bisschen lieber als dich.« Ich versuchte ihr (oder eher mir) eine Brücke zu bauen: »Ja, das ist schon mal so, daß man mal den einen lieber hat und mal den anderen.« Jana wollte keine Brücke. – Im Gegenteil, sie sah sich offenbar gezwungen, noch deutlicher zu werden: »Nein, Mama, den Papa habe ich immer lieber als dich.«
Einige Zeit später gab es nochmal eine Rangverschiebung, die aber leider auch nicht zu meinen Gunsten ausfiel. Es ging um Luzi, die Babysitterin. »Die Luzi hab' ich ja am liebsten«, erklärte Jana plötzlich aus heiterem Himmel, offenbar in Vorfreude auf deren Kommen, »... und den Papa«, ergänzte sie. Und nach einer Pause zu Luca gewandt meinte sie fast gönnerhaft: »Die Mama hab' ich auch ein bisschen gern.« Luca stimmte ihr in allen Punkten zu.

Gut, dann ist der Papa dran

Wenn die Kinder eine eindeutige Wahl treffen, entsprechen wir, wenn möglich, ihrem Wunsch. Manchmal geht es allerdings auch hin und her. »Die Mama soll, nein der Papa, nein die Mama …« Das kann schon mal an den Nerven zehren. Dann entscheiden wir nach Praktikabilität: Wer sitzt näher an den Kartoffeln, hat den Saft gerade in der Hand, will selbst noch in Ruhe zu Ende essen oder muss ganz schnell weg?

Kinder wechseln Gott sei Dank auch ihre Prioritäten. Es gibt Mama-Phasen und Papa-Phasen. Das ist das Normale. Mama bietet was ganz anderes als Papa, und beides ist interessant und will kennen gelernt werden. Ganz klassisch: Heiner ist bei uns für Werkzeug und Bohrmaschine zuständig. Wenn er Bilder aufhängt oder das Klo repariert, ist er natürlich angesagt. Zöpfe flechten, Plätzchen backen, Baden sind in der Regel mein Ressort. Jana käme nie auf die Idee, Heiner danach zu fragen, ihr »eine Frisur« zu machen, obwohl er das mit Sicherheit täte.

Ein Trost für alle zurückgewiesenen Mütter: Für Mädchen, so habe ich gelesen, steigt die Mutter-Orientierung und -Identifizierung mit dem Älterwerden. Trost auch für die Väter, bei den Jungs ist das nämlich genau umgekehrt. Sie orientieren sich in der Regel, wenn sie älter werden, mehr an männlichen Vorbildern.

Schnell haben Kinder heraus, an wen sie sich wenden müssen, um zum Ziel zu gelangen: »Wenn ich was haben will, dann frag' ich oft meinen Vater – bei dem darf ich mal ein bisschen mehr fernsehen gucken als bei meiner Mutter.« (Alexandra)

> ### Eine klassische »Grenze-Test-Aktion«
>
> *Luca: »Mama, machst du mir das Bonbon auf?«*
> *Ich: »Okay.«*
> *Heiner (von hinten): »Du hast schon eins.«*
> *Ich frage vorsichtig: »Hattest du schon mit dem Papa darüber geredet?« – »Ja.« –*
> *»Dann besprich das mit ihm.« –*
> *»Der Papa hat aber ›nein‹ gesagt.«*

Autofahren

Meister der Geduld sind Kinder nicht, das wird wohl auch kein vernünftig denkender Erziehungsberechtigter in der heutigen Zeit erwarten. »Kleine Kinder soll man sehen, nicht hören«, hieß es früher. Zum Glück sind solche Vorstellungen passé. In manchen Situationen würde es uns aber sehr gut passen, wenn unsere lieben Kleinen nicht quengeln würden, stille säßen, eben »lieb« wären. Autofahren ist so eine Situation. Mutter oder Vater sitzen vorne auf dem Fahrersitz, schauen angestrengt nach vorne, fluchen über die vielen Autos und dass es nicht vorwärts geht, ärgern sich über die Verkehrsrowdys, die ihnen die Vorfahrt nehmen, und haben jedenfalls eine Menge zu tun, das Auto vorwärts zu bewegen. Auf der Rückbank sitzen die Kinder, eingepfercht in ihren Kindersitz, zu klein, um schon auf die Straße gucken zu können. »Wie lange müssen wir hier noch festkleben und warum sind wir denn eigentlich nicht mit dem Bobby-Car unterwegs?«, steht in ihren Gesichtern zu lesen. Das birgt nicht wenig Konflikte – in Reinkultur zu erleben bei einer längeren Urlaubsreise mit dem Auto. Hier sitzt gegebenenfalls noch der zweite Elternteil auf dem Beifahrersitz, schlauerweise schwer bewaffnet mit Keksen, Bonbons, Kaugummis, Malbüchern, Hörkassetten, Würstchen, Säften, Obst, Schokolade, Gummibärchen usw. Wer spricht hier noch von Erpressung und Manipulation? Jetzt ist alles erlaubt, was geeignet scheint, aus unerbittlichen Quengelgeistern für wenigstens eine oder gar mehrere Minuten »liebe« Kinder zu machen.

Reisetipps

Um das »Fahrleid« ein bisschen zu lindern, sollte man die Kinder auf lange Reisen vorbereiten. Vielleicht kann man auch in Etappen fahren. Auf jeden Fall: allerlei Abwechslung bereit halten. Manche Leute schwören auf Reisen mit der Eisenbahn oder Nachtfahrten – ausprobieren, aber keine Geduldsengel als Reisebegleiter erwarten.

30

Wann sind wir endlich da?

Bei uns läuft das etwa so ab: Wir fahren in die Schweiz. Heiner sitzt am Steuer. Nach etwa einer Minute, wir haben gerade die erste Straßenkreuzung passiert, fragt Jana: »Mama, wann sind wir da?« – »Das dauert noch lange, wir sind doch gerade erst losgefahren, da müsst ihr euch noch ein bisschen gedulden.« – »Mama, kannst du nach hinten kommen und uns vorlesen?« – »Ja, kann ich machen, aber erst, wenn wir auf der Autobahn sind.« – Eine halbe Minute später: »Sind wir jetzt auf der Autobahn?« – »Nein, das dauert noch einen Moment.« – Nach einer weiteren halben Minute: »Hier ist aber jetzt die Autobahn.« – »Nein, noch nicht.« – »Ich will einen Keks.« Ich klettere nach hinten, lese drei Bücher vor und verteile währenddessen großmütig Kekse. »Ich will eine Kassette hören«,

Wer mit Kindern im Auto reist, muss noch öfter als gewohnt Pausen einlegen. Die Kleinen sollten alle ein bis zwei Stunden ihrem Bewegungsdrang freien Lauf lassen können. Fünf Minuten Ballspiel wirken oft Wunder.

fordert Luca, »nein vorlesen«, will Jana. »Eins nach dem anderen, wir haben ja genug Zeit«, kommt mein tiefsinniger Einwand. Ich hieve mich wieder auf den Beifahrersitz, schalte den Kassettenrekorder ein: Pippi Langstrumpf. »Ich will Benjamin Blümchen hören«, kommt es von Luca. »Nein, Dornröschen«, fordert Jana. »Okay, erst Benjamin Blümchen, dann Dornröschen.« Wir nudeln zum x-ten Mal »Benjamin Blümchen auf dem Bauernhof« durch, ich ärgere mich, dass ich für die Reise nicht noch ein paar neue Kassetten besorgt habe, und hoffe, dass die alten wenigstens einschläfernde Wirkung haben.

Der Weg ist das Ziel

Kinder finden Reisen öde. Wer in die Ferne reist, sollte versuchen, die Anfahrt als Teil des Urlaubs zu gestalten: Eine Übernachtung auf dem Bauernhof mit Spaziergang nach dem Frühstück oder ein Nachmittag am See machen sich bezahlt.

»Wann sind wir endlich da?«, will Luca wissen. Ich beruhige ihn mit einer Tüte Saft und sage, dass wir bald eine Pause machen. »Ich muss mal.«, mault Jana. Wenn sie muss, dann muss es immer schnell gehen. Heiner hält auf dem nächsten Parkplatz, leider etwas zu spät. »Mama, mir ist so langweilig.« Ich reiche Malbücher und Stifte nach hinten und würde gerne die Augen zumachen. Irgendwann schlafen die Kinder tatsächlich. Ich döse vor mich hin. Ein Weinen lässt mich hochschrecken. »Wann sind wir endlich da?«, quengelt Luca. Jana klagt über Halsschmerzen, Übelkeit und Hunger gleichzeitig … Heiner stimmt »Die Vogelhochzeit« an … Irgendwann sind wir da, das Auto gleicht einer Müllhalde, immerhin hat sich keiner übergeben. Heiner und ich sind todmüde, die Kinder frönen ihrem Bewegungsdrang.

Früher habe ich immer verächtlich auf die »biederen« Familien geblickt, die jedes Jahr nach Holland fahren, weil dort alles so kinderfreundlich ist und weil vor allem die Strecke von Köln aus nicht so weit ist. Mittlerweile waren wir auch schon dreimal dort. Auch Zug fahren steht hoch im Kurs: Hier können sich Kinder auf den

Gängen frei bewegen. Am schnellsten vergeht natürlich die Reisezeit im Schlafwagen. Auto im Reisezug ist die Alternative, wenn viel Gepäck mit muss. Leider etwas teuer.

Manche gehen nur noch ohne Kinder auf Reisen. Andere Familien fahren überhaupt nicht mehr weg, weil sie sich den Stress nicht antun wollen. Wieder andere soll es geben, die zwar in ferne Länder aufbrechen, aber nicht wieder

zurück kommen und stattdessen in Italien Schafe züchten, in Kanada Holz fällen, auf Bali Reis pflücken oder in Irland einen Familienzirkus gründen.

Autotipp von Max und Jakob

»Das Nervige beim Autofahren ist, dass man da nicht viel machen kann, man sitzt nur auf seinem A… Man sollte ein Fernsehen im Auto einbauen.«

Beißen, Kratzen, Haareziehen

Wenn man was Neues hat, will man das auch zeigen. Das ist ganz normal. »Guck mal, was ich habe!« – so werden jedem, der es sehen will oder auch nicht, neue Hosen, Kleider, Schmuck, Autos, Kühlschränke vorgeführt. »Schau mal, was ich kann…« Kindern geht das so ähnlich. Und das fängt schon früh an, z. B. wenn die Zähne kommen. Dann werden die gezeigt. Und darin liegt eigentlich schon mehr – auch für manche Kinder: Sie erproben natürlich ihren Neuerwerb da, wo es am effektvollsten ist. Manchmal allerdings zum Leidwesen der Eltern oder anderer Kinder. Nicky Lee, die Tochter meiner Freundin Petra, war so ein probierfreudiges Kind: Als sie noch nicht ganz ein Jahr alt war, fing sie an, sich überall hochzuziehen. Was lag näher, als sich in der Krabbelgruppe in die schönen langen Haaren eines etwas älteren Mädchens zu krallen und zu gucken, wie es ist, wenn man stehen kann? Es klappte. Die Sache wurde noch interessanter, als das Mädchen daraufhin wie am Spieß schrie. Alle kamen angelaufen, staunten, redeten und regten sich auf über das kleine Mädchen. »Was man so alles bewirken kann.« Fortan wurde regelmäßig an den Haaren gezogen. Auch kleine Babys mit dicken Locken waren die Opfer. Und

Kinder lernen aus den Folgen

Manche Eltern beißen ihr Kind zurück. Das ist keine angemessene Lösung. Besser nicht zu viel Aufhebens von der Sache machen. Dem Kind in aller Deutlichkeit sagen, dass Beißen kein gutes Mittel ist. Trösten Sie das andere Kind und schicken Sie den Beißer möglicherweise aus dem Zimmer.

34

als die Zähne kamen, wurde natürlich auch gebissen. Da war vielleicht was los. An Kindern und Erwachsenen probierte Nicky Lee ihre »Neuerwerbungen« aus.

Guck mal, was ich kann...

Meine Freundin Petra indes »drehte am Rad«, wie man im Ruhrgebiet sagt. Sie versuchte alles, um ihren kleinen Vampir wieder auf die rechte Bahn zu bringen. Erst reden, dann schimpfen, dann wegstellen. Es nutzte nichts. »Es war eine schwere Zeit«, sagt sie, zumal sie plötzlich scharfe Blicke und noch schärfere Bemerkungen ob ihrer gewalttätigen Tochter trafen. »Kriegt die Mutter das überhaupt nicht auf die Reihe? Was ist das für ein schreckliches Kind? Was müssen das für schreckliche Eltern sein?« Sie fühlte sich auch schrecklich. Irgendwann zog Petra eine logische Konsequenz. Immer wenn ihre Nicky Lee jemanden gebissen hat, ist sie mit ihr nach Hause gegangen. Ohne großen Stress zu machen, jedoch ganz konsequent hat sie jede Kinderversammlung verlassen – oft unter großem Gebrüll. Irgendwann dann hat Nicky Lee es aufgehört. Beißen im Kleinkindalter ist wirklich nur ein Erproben der neuen Möglichkeiten. Etwas ältere Kinder beißen aus Wut oder Ärger oder weil sie noch nicht die Fähigkeit haben, sich mit Worten durchzusetzen. Später verliert sich das von selbst.

Kinder greifen einander an, spielen mit Lust Verfolger und Verfolgte, kämpfen miteinander, erproben ihre Kräfte beim Balgen. Aggressionen sind ein selbstverständlicher Wegbegleiter.

35

Bettgeschichten

Kleine Kinder haben einen grundsätzlich anderen Schlaf-rhythmus als Erwachsene, und den zwingen sie uns gnaden-los auf. Ganz Kleine weinen, Größere randalieren oder müssen aufs Klo. »Mama, steh' auf«, sagt Jana, wenn ich mich morgens nicht direkt rühre. »Jetzt bin ich fit«, erklärt Luca und springt auf uns herum, will frische Milch und eine frische Windel. Wie konn-te es zu dieser Wandlung kommen? Früher gehörte ich eher zu den Langschläfern. Ich habe noch die Kommentare meines Vaters im Ohr, wenn ich erst zum Mittagessen aus dem Bett gekrochen kam. Und jetzt: Acht Uhr aufstehen ist wie Ferien, Geburtstag und Weihnachten zusammen. Aber es ist schon viel besser geworden. Früher waren die Kinder auch nachts noch häu-figer wach, Luca brauchte seine Flasche, Jana musste aufs Klo. Jetzt kommt Jana halt nachts rüber zu uns und Luca weint manch-mal, wenn er seine »Pulle« verloren hat. Trotzdem, um sieben Uhr sind sie in der Regel fit, und das ist, wenn man abends erst um halb eins eingeschlafen ist, mit den besagten zwei Unterbrechungen oft zu früh. Um einen Ausgehabend auszubügeln, brauche ich immer mindestens eine ganze Woche.

Ich bin fit

Das Verblüffende ist nur: Väter haben das »Müdigkeitsproblem« nicht. Es soll Ausnahmen geben: Männer, die morgens früh aus dem Bett springen, die Kinder wickeln, Frühstück machen und die geliebte Ehefrau um neun Uhr mit einer Tasse Tee wecken. Mein Mann gehört nicht zu diesen seltenen Exemplaren. Wenn die Kinder wach sind und auf ihm rumspringen, scheint ihn das überhaupt nicht zu berühren. »Papa, steh' auf« stößt auf taube Ohren, also kommen sie auch gar nicht mehr zu ihm. Ich – ganz gewissenhafte Mutter – bringe es nicht übers Herz, mich auch schlafend zu stellen, zumal ich sowieso bei jedem Geräusch wach bin und sehr schlecht wieder einschlafe. Also stehe ich auf, schneide Birnen, Äpfel, Bananen, verteile das Obst an die Kinder, die wiederum ihren schlafenden Vater füttern.

> ## *Noch ein Viertelstündchen*
> *Versuchen Sie, kleinere Leckereien schon abends bereitzustellen, kleinen Kindern vielleicht auch ein Körbchen mit Spielzeug ins Kinderzimmer zu hängen und hoffen Sie, dass Ihnen diese Attraktionen morgens noch ein Viertelstündchen bescheren. Von meinem zwiespältigen Verhältnis zum »elektronischen Babysitter« Fernsehen will ich später noch erzählen.*

Dann ziehe ich alle an, springe unter die Dusche und mache Frühstück.

Ansonsten bin ich müde und freue mich schon auf den Mittagsschlaf. Den kann ich Gott sei Dank manchmal einrichten. Wir hatten mal geplant, die Kinder zum Längerschlafen oder wenigstens morgens zum Alleinespielen zu dressieren. Aber das klappt nicht.

Kinder machen müde Eltern gerne munter. Aber verlieren Sie nicht den Mut! Schon in ein paar Jahren werden Sie sie kaum mehr aus den Betten kriegen …

37

Doktorspiele

Der »große« Luca ist zu Besuch. Den Titel hat er deshalb, weil es eben noch unseren Luca gibt, der jünger ist als er. Der »große« Luca ist drei Monate älter als Jana, also gut viereinhalb. Die Kinder spielen im Garten, dann im Wohnzimmer und dann verziehen sie sich freiwillig immer mehr Richtung Kinderzimmer. Mir soll es recht sein. Längere Zeit höre ich nichts. Der »kleine« Luca kommt ab und zu bei mir in der Küche vorbei. Die Geräusche aus dem Kinderzimmer nehmen so langsam ab. Irgendwann geht die Kinderzimmertür von innen zu. Ich sehe gerade noch Jana, die sie zuschiebt. Dann ist Ruhe. »Ach, ist das schön, dass die Kinder mal fünf Minuten ohne Geschrei spielen können…« Weitere fünf Minuten vergehen, immer noch kein Geräusch. Das ist selten. Irgendwie macht mich die Ruhe unruhig. Ich überlege, was sie wohl anstellen könnten.

Tür zu

Von Doktorspielen Ihrer Kleinen werden Sie wohl kaum verschont bleiben. Sehen Sie es positiv: Es hilft den Kindern, Ängste abzubauen.

Ich stehe auf und gehe mal nachgucken. »Du sollst nicht reinkommen«, höre ich Jana. Meine Tochter und ihr Freund machen sich in Janas Bett zu schaffen. Jana liegt, Kleid hoch und Unterhose runter, auf dem Bett. Luca hat auch seine Hose ausgezogen und »untersucht« meine Tochter. »Was macht ihr?«, frage ich etwas verunsichert, spürend, dass ich hier nicht hinpasse. »Du sollst rausgehen«, sagt Jana, und etwas verlegen: »Wir spielen Doktor.« Der »kleine« Luca, der der Szene beiwohnt, ergänzt beflissen: »Dr.

Rieger«, das ist unsere Kinderärztin. »Aber nichts in die Scheide oder in den Po stecken«, sage ich und trete etwas ratlos den Rückzug an.

Eigentlich halte ich mich ja für liberal und habe mir vorgenommen, »ganz normal« mit Nacktheit und Körperlichkeit umzugehen. Ich weiß auch, dass man in der Sexualerziehung einige Fehler machen kann, das will ich natürlich auf keinen Fall. Unsere Kinder sollen so wenig verklemmt wie möglich aufwachsen.

Nervös ist man doch

Aber irgendwie kann ich mich nicht dagegen wehren, dass ich das Untersuchen der Geschlechtsteile anders empfinde, als wenn sie jetzt mit Duplo-Steinen spielen würden. Und auch die Kinder empfinden, dass etwas anders ist, sonst würden sie ja nicht die Tür zumachen und sagen: »Du sollst rausgehen.« Ich lasse sie machen, weil ich mit dem Verstand weiß: »Das ist ja ›normal‹, dass die sich gegenseitig untersuchen.« Eine kleine Spezial-Aufpassantenne in

Jeder wie er mag

Kinder interessieren sich für ihren Körper und auch für den der anderen. Dieses Interesse ist »normal« und gut. Sie empfinden es auch als angenehm, gegenseitig die Geschlechtsteile zu berühren. Wer das als Eltern gelassen nimmt – umso besser. Wer damit Schwierigkeiten hat, kann das ruhig zum Ausdruck bringen, die Kinder merken es sowieso. Wichtig ist, den Kindern zu sagen, dass sie sich keine Gegenstände in Scheide oder Po stecken dürfen und nichts gegen den Willen des anderen unternehmen dürfen.

meinem Hirn fahre ich trotzdem aus. Gott sei Dank lockert der »kleine« Luca die Szene durch sein Rein- und Rausrennen und Mitspielenwollen etwas auf. Als die Patientin und der Arzt in der Küche auftauchen, bin ich ehrlich gesagt auch wieder etwas entspannter. Abends toben die Kinder noch ein paar Minuten »Na-

39

ckedei« durch die Wohnung. Luca versucht immer wieder Purzelbäume zu machen. Jedes Mal, wenn er seinen Po hochhebt, fasst Jana ihn an den Penis. Luca scheint das zuerst gar nicht zu bemerken, dann findet er es irgendwie witzig – eine Zeit lang. Irgendwann greift Jana wohl zu heftig zu und er findet es nicht mehr so lustig. »Nur, solange beide das Spiel gut finden«, mische ich mich ein. Ich hatte das Spiel offenbar mit Argusaugen überwacht. Klar ist das normal. Aber irgendwie auch anders.

Doktorspiele und Spiele wie »Kinderkriegen« und »Liebe machen« sind in diesem Alter normal. Durch freies Probieren be-greifen und spüren Kinder, was Freude bereiten kann und was nicht.

Warum die Tür doch zu sein muss

Im Badezimmer, beim Zähneputzen erklärt Jana mir: »Mama, ich möchte nochmal den ›großen‹ Luca besuchen und mit ihm Penis und Scheide spielen. Weil: Mit dem Lulu geht das nicht so gut, der ist noch zu klein.« Interessiert frage ich: »Wieso ist der noch zu klein?« – »Ja, da muss ich immer untersuchen, weil der kann das noch nicht richtig, der piekt immer so. Und ich möchte dann auch mal untersucht werden, aber da muss die Tür zu sein.« – »Wieso muss denn die Tür zu sein?«, frage ich betont harmlos. »Da darf kein Erwachsener reinkommen,

wir brauchen Ruhe, sonst kann man sich nicht ›konzilieren‹.« Aha … »Worauf muss man sich denn konzentrieren?« Jana, die »Regeln« sehr genau im Kopf, erklärt weiter: »Sonst piekst man und der will das nicht oder man steckt was rein …«

Eltern, die auch so 'ne komische Unruhe verspüren, wenn ihre Kinder sich untersuchen, sei gesagt: Doktorspiele sind für Kinder zwischen zweieinhalb und etwa sechs eine spielerische Art, ihren Körper und den des anderen Geschlechts zu erforschen. Kein Grund zur Sorge, solange die Kinder keinen großen Altersunterschied haben. »Ich hab' früher immer mit meiner kleinen Schwester Doktor gespielt. Jetzt geh' ich lieber mit Freunden in die Stadt.« (Alexandra)

Früh übt sich

Für kleine Kinder gibt es kleine Köfferchen mit »stumpfen« Instrumenten. Junge Doktoren und Patienten haben damit einen Riesenspaß. Und sie können möglicherweise beängstigende Arztbesuche vor- oder nachspielen und sich auf diese Weise »aneignen«. Das geht meist glimpflicher ab, als wenn sie versuchen, sich mit der Zange aus dem großen Werkzeugkasten gegenseitig die Zähne zu ziehen.

Eifersucht

Etwa die Hälfte der älteren Kinder reagiert auf die Geburt des Geschwisters mit deutlichen Verhaltensveränderungen wie Trotz, Anklammern oder Rückzug.

Kann man die nicht zurückbringen?«, soll mein Mann Heiner seine kleine Schwester begrüßt haben, als sie, gerade geboren, mit der Mutter aus dem Krankenhaus kam. Erst als er sich zwischen einer Tüte Bonbons und der neuen Schwester entscheiden sollte, hat er sich dann doch großmütig für die neue Schwester entschieden. In jedem Fall bedeutet die Ankunft des zweiten Kindes, dass das allmählich aufgebaute Dreiecksverhältnis Vater-Mutter-Kind wieder umgebaut werden muss. Als Luca geboren wurde, hatten wir die Gefahr der Geschwister-Eifersucht lebhaft vor Augen. Wir wollten gegensteuern. Wie stellen wir es an, dass die zwei sich lieben? Meine Eltern hatten angeboten, Jana, während ich im Krankenhaus war, für ein paar Tage zu sich zu nehmen. Das haben wir dankend abgelehnt. Sie sollte dabei sein. Nicht unmittelbar bei der Geburt, aber zumindest direkt danach. Und sie sollte nicht nach ein paar Tagen nach Hause kommen und da dann plötzlich ein neues Kind vorfinden.

Das Geschwisterchen empfangen

So haben wir es auch gemacht: Nachdem Luca das Licht der Welt erblickt hatte, brachte Heiner Jana sofort mit ins Krankenhaus. Sie hüpfte direkt auf mein Bett, legte sich in meine Arme und betrachtete neugierig den Neuankömmling. Es war ihr schon komisch. Wenn Heiner dann mit ihr ging, wollte sie lieber bei mir bleiben oder mich mitnehmen. Wieder zu Hause, bekam sie mit, dass Luca an meiner Brust trank. Höchst interessant, das wollte sie auch. Ich ließ sie. »Schmeckt nicht«, damit war das Thema vom Tisch. Stattdessen hat sie dann selber angefangen zu stillen: Puppen, Teddys und sonstige Plüschtiere waren die Nutznießer dieser Aktion. Trotzdem, wenn Jana im Kindergarten war und ich alle meine Aufmerksamkeit dem Neuankömmling widmete, hatte ich ihr gegenüber ein schlechtes Gewissen: In diesen Genuss kommt sie nie. Der Kleine ist jetzt immer da. Aber behandle ich die zwei gleich? Kriegt einer mehr? Liebe ich vielleicht sogar einen mehr, frage ich mich und mir schaudert bei dem Gedanken. Immer wieder, wenn die zwei sich streiten oder wenn einer unzufrieden ist, frage ich mich: War das jetzt gerecht?

> ### Tipps für stillende Mütter
>
> *Älteren Geschwistern können Eltern besondere Aufmerksamkeit schenken, indem sie ihnen spezielle »ehrenvolle« Aufgaben für »Große« übertragen oder ihnen während der Stillzeiten eine besondere Spielkiste bereitstellen.*

Der hat mehr

Die Konflikte lauern an jeder Ecke: »Der hat aber mehr«, »Ich muss immer als Erste aus der Badewanne«, »Ich muss immer als Letzter das Licht ausmachen«. Und zum Schluss: »Das ist aber ungerecht.« Unmöglich, das alles vorher zu bedenken. Eifersucht scheint eine Prinzipiensache zu sein. Meine Kollegin Angela

meint: Es geht gar nicht darum, dass man unbedingt selber etwas haben will, es geht darum, dass der andere das nicht haben soll. Also richtige Missgunst? Wie dem auch sei: Eins kann man getrost vergessen: dass es gerecht zugeht. Es gibt keine absolute Gerechtigkeit. Muss es auch nicht – jedes Kind ist anders. Das eine Kind braucht mehr Zeit alleine, das andere ist glücklich, nachmittags noch in einen Musikkurs zu gehen usw… Möglicherweise behandelt man die Kinder anders, aber sie sind auch unterschiedlich. Jana und Luca streiten und lieben sich, beides. Sie knutschen sich ab und bewerfen sich mit Bauklötzen. Trotz aller pädagogischen Erwägungen gibt es Eifersucht. Auf der anderen Seite: Wer ist eigentlich nicht eifersüchtig?

Meine Mama

Kleine Kinder teilen nicht gerne, schon gar nicht Mama und Papa. Das ist gesund und normal. Eltern sollten versuchen, von Anfang an das Gefühl zu vermitteln, dass sie in der Lage sind, ihre Liebe und Zuwendung zu teilen.

Es gibt eine ganz natürliche, normale Eifersucht, die wahrscheinlich jeder von uns kennt. Kinder haben vielleicht noch etwas einfallsreichere Ideen, um mit diesem Gefühl fertig zu werden: Gestern Abend erklärte Jana mir: »Mama, ich möchte ein Jahr lang nur mit dir was alleine machen.« – »So lang?« – »Ein halbes Jahr.« – »So lang?« – »Okay, einige Wochen, aber nur du und ich und keine anderen, auch nicht der Luca.« Luca hatte sich zu dem Thema nicht geäußert. Heute Morgen kam seine Antwort. Die Kinder kämpfen morgens immer darum, wer beim Apfelessen auf meinem Schoß sitzen darf. Diesmal war Luca vor Jana wach, folglich saß er auf meinem Schoß. »Mama, du bist doch nur meine Mama?«, fragte er. »Und wer ist Janas Mama?«, fragte ich zurück. »Der Papa ist Janas Mama.«

44

Einigkeit und Zwietracht

Geschwister sollen sich lieben. So malen sich Eltern spätestens, wenn sie über ein zweites Kind nachdenken, das zukünftige Familienidyll aus. »Und wenn wir dann zwei haben, dann spielen die schön miteinander und dann sind sie auch beschäftigt.«

Dass Eltern dann gelegentlich auch beschäftigt sind, wer konnte das vorher ahnen? Bei uns läuft das zum Beispiel so ab: Jana und Luca spielen mit den Duplos im Kinderzimmer, ich nutze die Gunst der Stunde und schleiche mich zum Telefon, um den Mann vom Computerladen wegen meines Modems anzurufen. Freundlich und in aller Ausführlichkeit beginnt er, mir die Vorteile des PCMCA-Modems (oder wie das heißt) anzupreisen, da unterbricht uns ein jäher Aufschrei aus dem Kinderzimmer. »Tut mir leid, ich muss Schluss machen, ich melde mich wieder«, stammle ich hektisch ins Telefon und stürze los.

> ### Es ist selten nur einer
> *Wenn Kinder sich streiten, sollten Eltern nach Möglichkeit nicht für ein Kind Partei ergreifen. Meist können sie nicht ermitteln, wer wirklich der Schuldige ist, in der Regel gehören zu einem Streit immer zwei.*

Ich hatte das zuerst

Beide Kinder – laut weinend, schreiend – hängen übereinander. Ich trenne die Unholde. Jana hält mir schluchzend ihren Arm entgegen: »Der Luca hat mich gebissen.« Die Zähne ihres Bruders haben einen deutlichen Abdruck hinterlassen. »Du sollst nicht beißen«, entfährt es mir in scharfem Ton. Luca

Janas Eltern-Tipp

Den ultimativen Tipp hat Jana Heiner mal gegeben, als er sich in einen Streit einmischte. »Jana, ich will das nicht noch einmal sehen, dass du dem Luca was wegnimmst oder ihm in die Backen kneifst«, hatte Heiner gesagt. »Papa, du musst dann auch nicht immer hingucken.«

ergänzt mit tränenerstickter Stimme: »Ich hatte das zuerst« und deutet auf einen kleinen gelben Baustein in der Hand seiner Schwester, von dem sich ungefähr zwanzig in der Duplo-Kiste befinden. Was jetzt? Zuerst Janas Arm unter den kalten Wasserhahn. Und: Wer hat Recht? In jedem Arm ein weinendes Kind, hocke ich auf dem Kinderzimmerboden – leicht verzweifelt. Natürlich sind tätliche Angriffe schlimmer als das Wegnehmen eines Bausteins. Obwohl ich nicht weiß, ob das auch mit Schubsen, Kneifen oder Ähnlichem verbunden war. Ich verkneife mir also, für ein Kind Partei zu ergreifen, obwohl Jana schon ziemliche Blessuren hat, und sage, dass ich das absolut Sch… finde, wenn sie so aufeinander losgehen.

Streit schlichten – gar nicht so einfach

Wenn sich das jüngere Kind selbstständig fortbewegen kann, sucht es die Nähe des älteren, aber auch die Nähe der Spielsachen und Heiligtümer. Das gibt Zank und Streit, gleichzeitig beginnen sie ansatzweise miteinander zu spielen.

Manchmal hilft der Grundsatz »Seins bleibt seins«, will heißen: Die Kinder entscheiden selbst, was sie zum Spielen abgeben oder ausleihen wollen. Gibt es was, ist es gut, wenn nicht, ist es auch gut. Es fällt mir auch noch ein »Trick« ein, den ich den Kindergärtnerinnen abgeguckt habe: Wenn sich keine Einigkeit über einen Gegenstand erzielen lässt, wird das Streitobjekt vorübergehend entsorgt. »Wenn ihr euch nicht einigen könnt, dann nehme ich die Bausteine weg«, kündige ich an. Manchmal hilft das, aber in diesem Fall setzt sich das Geheule fort, der kleine gelbe

Stein ist längst uninteressant. Also Szenenwechsel: Ich nehme die zwei mit ins Wohnzimmer, lege Nenas Kinderlieder auf und hocke mich zwischen die beiden Streithähne aufs Sofa. Irgendwann lässt Jana sich langsam auf den Boden gleiten und sucht sich was zum Malen. Puuh …

Geschwisterliebe

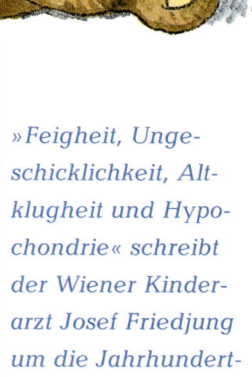

»Streiten verbindet«, sagt man ja so schön. Wo herrscht schon die pure Harmonie? Bei Erwachsenen etwa? Und Kinder können mit Geschwistern eine ganze Menge lernen: Standpunkte zu vertreten, sich zu behaupten, sich zu reiben, Auseinandersetzungen zu führen und sich wieder zu vertragen. Eltern greifen ein, weil sie ihre Ruhe haben wollen oder um Tätlichkeiten zu verhindern. Woher kam eigentlich die Idee, dass Geschwister sich lieben? Ich weiß, dass ich als Kind mit Stühlen, Messern, Gabeln, Scheren und allem Werkzeug, dessen ich sonst habhaft werden konnte, auf meinen Bruder losgegangen bin. Meine Mutter, in ernsthafter Sorge, wir würden uns was antun, hat uns häufig getrennt und in verschiedene Zimmer befördert. Aber geliebt haben wir uns trotzdem. Mein Bruder wollte mich immer heiraten. Das will Jana mit Luca übrigens auch. Und mit ihm ein Baby haben. Heute morgen küsst sie den schlafenden Luca wach, um ihm immer wieder zu versichern: »Du bist mein liebster Lulu auf der ganzen Welt.«

»Feigheit, Ungeschicklichkeit, Altklugheit und Hypochondrie« schreibt der Wiener Kinderarzt Josef Friedjung um die Jahrhundertwende Einzelkindern zu. Wissenschaftlich bestätigt werden konnte diese Annahme bisher nicht.

47

Essen

Wer mit kleinen Kindern isst, weiß, dass andere Regeln gelten als beim ruhigen Tete-a-tete mit dem Liebsten im Kerzenschein. Da fliegen volle Apfelsaftbecher zu Boden und über Hosen, der Käse wird vom Parkett gegessen, die Spagetti baumeln über dem Tisch zum Nachbarn rüber, die Salamischeibe wird aufgespießt und in den Kakao getunkt, die Tomate mit Liebe zerquetscht, und natürlich dienen die Hände als Hauptesswerkzeug. Zwischendurch klettert einer auf seinen Stuhl, um auszurufen: »Ich bin der Größte.« Ruhige Unterhaltungen sollte man auf einen anderen Zeitpunkt verschieben. Meist ist immer einer unterwegs: Lappen holen, Saft holen, Löffel holen, zerquetschte Lebensmittel wegbringen, zum Klo rennen und Kinderpopos abputzen. Keine Sorge, das wird besser. Was bleibt, sind die Ermahnungen und Verhandlungen. Der gemeinsame Essenstisch, eigentlich ein Ort der Freude, Entspannung und Lust, wird häufig zum Ort der Zerreißprobe für Eltern und Kinder.

> ### *Max und Jakob zum Thema Tischkultur*
>
> *»Es müsste einen Tag in der Woche geben, wo man säuisch essen kann. Also so einen Schweinetag. Das wäre toll.«*

Das mag ich nicht

Damit das tägliche Mahl nicht zur Zerreißprobe wird, helfen manchmal nur noch eiserne Nerven und eine durch und durch stoische Lebenseinstellung.

Luca isst am liebsten die Wurst ohne Brot. »Ich mag das Brot nicht«, lautet die plausible Begründung. Heiner wendet hier gern die berühmte »Wenn-dann«-Formel an: »Du bekommst die Wurst nur, wenn du auch das Brot isst.« Es gibt Broccoli, Hühnerfilet und Reis. »Ich mag nur Fleisch«, sagt Jana. Auch hier greift Heiner durch: »Dann musst du aber auch Reis und Broccoli essen.« Schon sind die Kinder unter Druck gesetzt – die Eltern ebenso, denn sie müssen akribisch jeden Bissen

48

ihrer Kleinen überwachen. Haben sie jetzt was gegessen und wie viel und war es das Richtige? Der Spaß und die Lust sind gedämpft. Luca hat noch eine andere Masche: Er lässt sich Brote schmieren, die er dann plötzlich nicht mehr mag. Manchmal lasse ich mich dazu erweichen, ihm dann noch ein anderes Brot zu machen. »Das alte kann ich ja dann selber essen, Hauptsache, der Junge isst was«, denke ich, ganz aufopferungsvolle Mutter. Von wegen, das tut er meistens nicht. Er beißt dann einmal rein und das war's. Er ist wohl einfach satt.

Essen, was auf den Tisch kommt?

Kinder müssen nicht alles essen, was auf den Tisch kommt, auch Erwachsene mögen meist einige Dinge überhaupt nicht. Eine zu große Auswahl ist möglicherweise verwirrend. Wenn das Kind zwischen zwei Sachen auswählen kann, wird es, wenn es Hunger hat, in der Regel auch was finden. Was hilft: Eine überschaubare Menge auf den Teller legen. Brote in kleine Bröckchen schneiden. Es gibt erst was Neues, wenn der Teller leer ist. Wenn mal mehr geschmiert als gegessen wird, kann man das überschüssige »Bütterchen« auch im Kühlschrank verwahren. Abends finden diese »Hasenbrote« meist wieder reißenden Absatz. Kinder sollten lediglich so viel essen, wie sie mögen. Nur so können sie lernen, die Menge der Nah-

> ### *Das richtige Maß*
> *Um einige Regeln kommt man beim Essen offenbar nicht herum, auch Tischmanieren müssen sein, wichtig ist nur die Frage: Ist die Regel wirklich sinnvoll? Nicht den Spaß am Essen durch Nörgelei verderben, sondern lieber im Vorfeld portionieren. Auch Essen will gelernt sein…*

49

Auch mit Kindern müssen Sie nicht ganz auf die schönen Stunden zu zweit verzichten.

rungsaufnahme selbst zu regulieren und nicht irgendwann zu viel oder zu wenig zu essen. Also nicht auf Biegen und Brechen den Teller leeren. Auch Kinder haben Spaß an einem schön gedeckten Tisch. Irgendwo habe ich mal gelesen: »Decken Sie für Ihre Kinder so wie für den höchsten Gast«. Das hat mir gefallen. Klappt zwar nicht immer, aber Jana weiß es zu würdigen. Das Tete-a-tete bei Kerzenschein für die Eltern sollte man sich auch nicht versagen. Ab und zu können die Kinder früher essen – die Eltern setzen sich dazu und essen die Vorspeise mit.

Restaurant

»Sollen wir heute Abend ins Restaurant gehen oder zu Hause essen?« Wir fragen das selten, weil es zur akrobatischen Höchstleistung werden kann, das Restaurant ohne die Rechung für eine Stuhlpolsterung, ohne ein Schlachtfeld unter dem Tisch und ohne wütende Restaurantbesitzer nebst deren genervten Gästen zu verlassen. Letztens hatten wir was zu feiern. In weiser Voraussicht wählten wir ein italienisches Lokal. Es gab Spagetti und Kinderbier mit Strohhalm. Der Kellner, kaum dass er die Kinder in Augenschein genommen hatte, brachte direkt das Kinderbier und fragte, ob er die Spagetti der Kinder schon zur Vorspeise bringen sollte. »Der Mann kennt sich aus«, schlossen wir. Jana mochte ihr Kinderbier nicht und wollte lieber Limonade. Luca trank hastig einige Schlucke aus dem hohen, schlanken Glas. Dann fing er an, in seinen Strohhalm zu pusten und geräuschvoll dicke Kinderbierblasen zu produzieren. »Nicht blubbern«, mahnte Heiner. Luca blubberte weiter. »Wenn du blubberst, nehme ich dir

50

das Glas weg.« Luca blubberte weiter, sein Glas schwankte. Heiner setzte seine Drohung in die Tat um. Protest von Luca. In dem Moment kam Gott sei Dank das Brot. Luca stellte sich auf seinen Stuhl, ergatterte ein Brötchen, zerbröselte es in kleine Krümel und bot es dann mir an. Ich lehnte dankend ab. Er schüttete es kurz entschlossen zurück in den Brotkorb. Ganz schnell standen Vorspeise und Spagetti auf dem Tisch: roter Mund, roter Pullover, aber Friede.

Hauptspeise

Heiner hatte Kalbshaxe bestellt, ich Nudeln mit Rindfleischstreifen, frischen Tomaten, Paprika und Oliven. Das duftete. Da ertönte es neben mir: »Ich muss mal… Aa.« Jana. »Ich geh' schon«, sagte ich zu Heiner. Die Sitzung dauerte länger, und während Jana noch auf dem Klo hockte, ging die Tür auf und Heiner schob mir Luca rein. »Da kommt der Nächste.« Fröhlich spazierten wir nach etwa zehn Minuten zurück. Kaltes Essen bin ich gewöhnt, seit die Kinder da sind. Jetzt wurden sie munter, die freien Gänge im Lokal wurden schnell in eine Rennbahn umfunktioniert. Die Kellner schauten zu uns herüber, schon strenger, wir riefen die Kinder zur Ordnung.

In manchem deutschen Restaurant muss man sich »wärmer anziehen«. Als in einem Cafe die damals ein- und dreijährigen Kinder nur die Salz- und

> ## *Wir fangen alle mal klein an*
> *Müssen Eltern mit Kindern auf Jahre um jegliches Lokal einen Bogen machen, weil die wildgewordenen Kleinen Restaurants immer mit Bauspielplätzen verwechseln? Die Mischung macht's: eiserne Nerven und Rücksicht von beiden Seiten.*

Pfefferstreuer zur Hand nahmen, wurden sie vom Kellner schon sehr unwirsch angeherrscht: »Das geht aber nicht. So kann man sich hier nicht benehmen.« Daraufhin hatten wir mit einem unserseits unfreundlichen Kommentar, ohne am Kaffee zu nippen, bezahlt und waren gegangen.

Fernsehen

Fernsehen können alle Familienmitglieder ohne Vorbedingungen gemeinsam. Vor der Glotze kommen Eltern und Kinder zusammen und diskutieren über das Programm. Man schaut, isst und trinkt gemeinsam und kuschelt sich an den Papa…

Fernsehen ist klasse! Und zwar für Groß und Klein. Wie viele Menschen empfinden es als »die« Entspannung und Erholung, nach der Arbeit nach Hause zu kommen, sich gemütlich aufs Sofa zu fläzen und einfach in die Glotze zu gucken, ohne Sinn und Verstand! Wie viele Menschen genießen es, abends mit einem Gläschen Wein und ein paar Chips die Beine hochzulegen und sich mit oder ohne Partner einen guten Film anzuschauen. »Wir machen uns einen gemütlichen Fernsehabend«, heißt es dann.

Für viele Eltern wiederum ist der Fernseher das letzte Mittel, die quengelnden, streitenden Kinder bei Laune und unter Kontrolle zu halten. Der elektronische Babysitter, schnell und preiswert.

Ein Sonntag im Bett – so nett!

Auch wir haben das eine Zeit lang gemacht. Irgendwann fand ich es peinlich. Ich würde sagen, es war Notwehr, dass ich samstag- und sonntagmorgens, wenn die lebendigen Wecker um 6 Uhr 30 in unserem Bett tanzten, schnell aufgestanden bin, den Kindern einen Apfel in die Hand gedrückt habe, sie schlaftrunken aufs Sofa gesetzt habe, ihnen eine Decke übergelegt und die »Kiste« angestellt habe. Geht doch – manchmal hat mir diese Aktion tatsächlich noch ein halbes Stündchen Schlaf beschert. Luca war sehr schnell in der Lage, die Fernbedienung selbst zu organisieren und die »Glotze«

> ### Alles oder nichts?
> *Weder absolutes Fernsehverbot noch »Dauerglotzen« können die Lösung sein. Wichtig ist, dass Eltern sich mit ihrem Verhältnis zum Fernsehen auseinander setzen und den Konsum dosieren – gucken, was die Kinder gucken, und zeitliche Grenzen setzen.*

anzumachen. Auch tagsüber. Als »aufgeklärte« Eltern haben wir dann geschaltet, und zwar ab. Die Fernbedienung außer Reichweite – und die einleuchtende Erklärung: »Es läuft kein Kinderfernsehen. Das Kinderfernsehen ist vorbei.«

Für Kinder nur Kinderfernsehen

Kein Kinderfernsehen? Es dauerte nicht lange, da kam das Gegenargument: »Will Gewachsenenfernsehen gucken.« So langsam dämmerte mir, dass wir uns das selber »vermurkst« hatten. Von sich aus kommen Zwei- bis Fünfjährige nicht unbedingt auf die Idee, dass es einen Fernseher gibt und man da stundenlang irgendwelche Bilder flimmern lassen kann, vor denen man staunend sitzt, weil man sie gar nicht zuordnen kann. Es ist ja auch nicht jedes Kind wie Jana (manchmal!), die von sich aus sagt: »Mach das Fernsehen aus, mir tun die Augen weh.« Unsere Konsequenz: Der Fernseher blieb morgens aus und ich – ganz Mutter – stand auf.

Es geht auch ohne

Jetzt gibt es ab und zu frühabends das Sandmännchen. (Das läuft übrigens auch zu einer sehr elternfreundlichen Zeit: 18 Uhr 30 oder 19 Uhr. Die Kinder sind müde, die Eltern müssen schnell was zu essen machen. Das haben sich die Fernsehintendanten sehr verständnisvoll überlegt.)

> ### Max und Jakob zum Thema Fernsehen
>
> *»Wenn wir unbedingt einen Film sehen wollen, fangen wir an zu verhandeln. Wir sagen dann, dass man aus dem Fernsehen auch was lernen kann. Aus Krimis z. B. lernt man, wie es in anderen Städten aussieht, denn Krimis werden ja meist in Amerika gedreht.«*

Aber morgens spielen die zwei jetzt tatsächlich gelegentlich, wenn sie gut drauf sind, schon um sieben Uhr »Mutter, Vater, Kind«. Je nach Janas Laune darf Luca das Baby, der Papa oder das Hündchen sein. Und manchmal auch das Gespenst. »Fast zu vorbildlich«, verpatzte mir meine Kollegin Kathrin die Moraltour. »Was ist eigentlich am Fernsehen grundsätzlich schlecht?« Wer sagt, dass man nichts lernt durch das Fernsehen? Eltern legen doch immer so großen Wert darauf, dass ihre Kinder etwas lernen. Und selbst, wenn es »nur« der Entspannung dient – Saft und Chips konsumieren sich auch ganz gut vor der Glotze.

Um sicher zu gehen, daß die Kinder dann morgens nicht gleich Mord und Totschlag oder sonstige sie beängstigende Szenen gucken, tut's vielleicht ein Video oder eine Hörkassette. »Sesamstraße« oder »Rudolph mit der roten Nase« sind zur Zeit bei uns der Renner.

Am letzten Sonntag bin ich übrigens rückfällig geworden. Bis neun Uhr haben Jana und Luca »Tabaluga« geguckt. Und ich habe selig im Bett gelegen und gepennt wie lange nicht mehr. War das schön!

Freundschaften

Jana versteht sich mit Isis, der Tochter meiner Freundin Tina, sehr gut. Sie können stundenlang zusammen spielen, verstecken sich unterm Tisch, um ungestört zu malen, sie tanzen, umarmen sich, und wir haben den Eindruck, sie mögen sich sehr gern. Ein echter Glücksfall, denn normalerweise scheint es eine Art Naturgesetz zu geben, dass sich Kinder von befreundeten Eltern nicht so mögen. Vor einiger Zeit hatten wir Familien uns zum Eisessen verabredet. Isis hatte noch eine Freundin dabei, mit der sie auch den Nachmittag verbracht hatte. Als wir ankamen, hatten die anderen Mädchen schon ihr Eis und schlenderten Arm in Arm vor uns auf und ab. Jana sah ihre Freundin, lief auf sie zu und wollte mitspielen. Aber die Mädchen wollten das nicht. Jana stand da und probierte irgendwie Kontakt aufzunehmen – vergebens, die Damen stolzierten hoch erhobenen Kopfes an ihr vorbei, als sei sie Luft. Für mich war das beklemmend. Sie tat mir so leid. Das hätte ich ihr so gerne erspart. Ich überlegte, ob ich mich einmischen sollte.

Eltern übernehmen oft, ohne es zu registrieren, die Rolle der Organisatoren von Spielzeiten und Spielkontakten zu gleichaltrigen Kindern.

»Du dartst nicht mitspielen«

Tina war die Situation, glaube ich, auch etwas unangenehm. Die beiden Mädchen forderten noch ein Eis. Ich kaufte Jana sofort auch noch eins, damit sie gleichziehen konnte – keine Chance. Sie stand da, etwas bedröppelt, außen vor.
Mir ging das sehr nah. Ich überlegte, ob ich Jana nochmal darauf ansprechen sollte, zögerte aber. Zu Hause erzählte ich Heiner in

55

Morgen ist ein neuer Tag

Es hilft sicher, nicht zu viel Aufhebens von so einer Sache zu machen. Wenn ein Kind spürbar traurig ist, kann man ihm vielleicht sagen: Die Erfahrung zeigt – morgen ist ein neuer Tag. Da werden die Karten neu gemischt. Und die furchtbare Ankündigung: »Ich lade dich nicht zu meinem Geburtstag ein« ist meist nach Tagen schon wieder vergessen.

Janas Beisein davon. So hatte sie ja die Möglichkeit, sich einzuschalten oder ihrem Kummer Luft zu machen, aber sie tat es nicht. Zwei Tage später besuchten wir Tina, Isis und deren Schwester Jojo wieder. Isis stand schon erwartungsvoll an der Treppe. Sie empfing Jana, und die beiden spielten wieder miteinander, als sei nichts gewesen, während ich mir noch Gedanken darüber machte, was diese Ausgrenzung, die Jana erfahren hatte für grundsätzliche Konsequenzen für die Freundschaft der Mädchen haben könnte.

Alles halb so schlimm!

Kinder sind sich oft schneller wieder gut als Erwachsene. Sie scheinen auch schneller zu vergessen. Erwachsene können sich zwar einmischen, manchmal ist es richtig zu sagen: »Wie würdet ihr euch fühlen, wenn andere Kinder euch nicht mitspielen lassen?« Andererseits: Das Bedürfnis, mit einer Freundin mal allein zu sein, ist auch verständlich. Und wer legt schon Wert auf eine verordnete Freundschaft?

Wie Eltern ihre Kinder für solche Situationen stark machen können, darüber habe ich mir mit meiner Freundin Petra die Köpfe heiß geredet. Das Ergebnis der »Mütterdiskussion« war ein Kinderlied mit dem Refrain: »Schade, schade, doch was soll es, dann such' ich mir was andres Tolles.«

Freundschaften fördern

Natürlich freue ich mich, wenn meine Kinder Freunde haben oder beliebt sind. Ich kann mich selbst noch an meine einsamen Spaziergänge auf dem Schulhof erinnern, als ich in der Klasse keine Freundin hatte. Luca und Jana sollen nicht so blöde dastehen. Wenn sie den Wunsch haben, jemanden zu besuchen oder Besuch zu kriegen, versuche ich sie zu unterstützen und ein Treffen möglich zu machen. Mir fällt dabei meine Tante Josi ein, die die Freundschaften ihrer schon älteren Kinder mit ihrer Gast-freundschaft unterstützte. Sie lud selbst die größten »Unholde« zum Kaffeetrinken ein. Da saßen sie dann: langhaarig und ungepflegt. Selbst den größten Rabauken schmeckte Tante Josis selbst geba-ckene Sahnetorte. Sie plauderten artig von ihren Eltern, der Schule und dem Motorrad. Das nächste Mal kamen sie dann ebenso artig wieder, manchmal sogar gewaschen und gekämmt.

Freundschaften kann man nicht verordnen. Kinder suchen sich ihre Freunde selber aus, und darin sollten wir sie unter-stutzen: durch Respekt, auch den von uns eventuell »unerwünschten« Kindern ge-genüber. Lassen wir kein gutes Haar an den Freunden unserer Kinder, geht der Schuss meist in die falsche Richtung los: Die »schlechten« Freunde werden noch interessanter, und unsere Kinder fühlen sich durch die Negativ-Kritik selbst ver-letzt. Und wer seinen Kindern den Umgang mit bestimmten Bekannten gar verbietet,

> ### Schlechter Umgang?
> *»Wenn das Kind einen Freund hat, den die Eltern nicht akzeptieren, sollten sie sich nicht einmischen. Auf gar keinen Fall eine Freundschaft verbieten.« (Hans, 14, auf die Frage: Wo sollten sich Eltern auf gar keinen Fall einmischen?)*

läuft Gefahr, dass sie sich stattdessen außer Haus verabreden – dann doch lieber im heimischen Kinderzimmer!

Geschlechts-identität

Nachdem die Softie-Welle vorbei ist, gilt – mit Abstrichen natürlich – wieder die Devise: Frauen wollen Helden. So wird es dem weiblichen Geschlecht jedenfalls nachgesagt. Für Mütter gilt das natürlich auch. Kleine Jungs interessiert dieses Anliegen Gott sei Dank nur bedingt. Mein Sohn Luca zumindest hält »Heldin sein« für sehr viel erstrebenswerter. Dialoge wie folgender sind an der Tagesordnung:

Luca: »Mama, bin ich eine Frau?«

»Nein, Luca, du bist ein Mann.«

Luca: »Will' aber eine Frau sein.«

Sobald Musik ertönt, will er tanzen, und zum Tanzen, das ist völlig klar, muss »Frau« ein Kleid anhaben. Nicht irgendein Kleid – ein Kleid, das sich dreht. Wenn Jana im Supermarkt vor dem Regal mit den Spangen und Haarreifen stehen bleibt, will Luca natürlich auch einen Haarreif. Morgens sieht er mich vor dem Spiegel und kommt sofort angelaufen: »Will auch Lippenstift.« Seine Lieblingsfarbe, wie könnte es anders sein, ist »rosie«.

Ich bin auch eine Frau

Neulich fand Luca im Dialog mit seiner Schwester des Rätsels Lösung:

Luca: »Ich bin eine Frau.«

Jana: »Nein, du hast doch einen Pimmel.«

Luca: »Den kann man ja abmachen.«

Heiner von hinten: »Aaahh.«

Jana: »Dann hast du aber keine Scheide.«

Luca: »Doch, dann hab' ich eine Scheide.«

Es gibt Phasen im »Männerleben«, da möchten Jungs einfach gerne wissen, wie das ist, eine Frau zu sein.

58

Traudl, unsere Nachbarin, Mutter von zwei Söhnen, hat bei ihrem Jüngsten das gleiche Phänomen beobachtet. Ihre Erkenntnis: So im Alter von zwei bis drei Jahren müssen sich Jungs schmerzlich davon verabschieden, ein Mädchen zu sein. Mädchen müssen das sicher umgekehrt auch. Nur: Sie haben es leichter mit der Identifikation. Sie sind wie die Mutter eine Frau. »Wir Frauen«, betont Jana gelegentlich und erzeugt damit ein »Wir-Gefühl«, an dem Luca nicht teilhaben könnte, hätte er nicht beschlossen, auch eine Frau zu sein. An den Abschied vom Frausein scheint er noch nicht zu denken. Im Gegenteil: Wird ihm bedeutet, dass er ein Mann ist, besteht er umso heftiger auf seinem Frausein.

> ## Ausprobieren und sich erkunden
> *Kleine Jungs in Mädchenkleidern sind kein versteckter Hinweis auf Homosexualität oder Transsexualität. Jungs erproben, was für sie passend ist.*

Ist das noch normal?

Als Mutter hat mich das erstmal sehr verunsichert. Kann ich ihm ein Kleid anziehen oder ist das dann der erste Schritt zum Transvestiten? Kann ich ihn öffentlich den Bemerkungen aussetzen? »Luca, du bist doch ein Mann, du hast doch so schöne Hosen«, betont meine Freundin Tina immer. Tina hat zwei Töchter, und die wollen häufig mit Jana und Luca tanzen. Luca verlangt dann natürlich zuerst nach einem Kleid. Die anderen haben ja schließlich auch eins an. Sicher merkt er, dass sein Wunsch nach Kleidern, Haarspangen und Lippenbemalung nicht unbedingt gefördert wird, aber er lässt

59

sich dadurch wenig irritieren. Ich habe schon immer Angst, er will im Kleid in den Kindergarten. Die anderen Jungs würden ihn auslachen.

Ist das nicht ...?

Martina, eine Bekannte, erzählte von ihrem zweieinhalbjährigen blond gelockten Sohn: Eines Samstags fragte er sie, ob er zum Marktbesuch ein Kleid anziehen kann und sich Spangen ins Haar stecken darf. Martina hat geschluckt und gedacht: »Lass dir jetzt nichts anmerken.« Mit fester Stimme hat sie geantwortet: »Okay.« Erhobenen Hauptes hat sie dann den Sohn in Kleid und Haarspange über den Markt ihres kleinen Wohnörtchens geschleift. »Ist das nicht der Tobias?« Schluck: »Ja.« Inzwischen ist Tobias acht, und Kleider wünscht er sich höchstens noch zu Karneval.

> ### Kinderexperten zur Geschlechterfrage
>
> *Max und Jakob: »Ich bin froh, ein Junge zu sein. Als Mädchen darf man gar keinen Scheiß bauen.«*
> *Judith und Alexandra: »Eigentlich bin ich gerne ein Mädchen.«*

Mittlerweile hat Luca verstanden, daß er irgendetwas anderes ist, jedenfalls nicht zu den weiblichen Exemplaren auf dieser Erde zählt. Aber, so scheint er sich zu sagen: »Was nicht ist, kann ja noch werden.« Man muss wohl mehrere Entwicklungsstadien durchlaufen, und irgendwann ist es dann soweit: Also interessiert ihn die Frage, wann dieser Zeitpunkt erreicht sein wird. »Mama, wann krieg' ich eine Scheide? Wann bin ich ein Mädchen?«, wollte er neulich wissen.

60

Höflichkeit

Der zweieinhalbjährige Luca ist in der Regel (es gibt Ausnahmen!) ein freundlicher Mensch. Wenn er etwas bekommt, sagt er »Danke«, wenn er jemandem etwas bringt, begleitet die Übergabe ein freundliches »Bitte«, wenn jemand niest, wünscht er »Gesundheit« und wenn sich jemand verabschiedet, ruft er fröhlich: »Tschö« oder »Auf Wiedersehen«. Da ist seine ältere Schwester Jana etwas zurückhaltender. Sie sagt viel seltener »Bitte«, »Gesundheit« fast gar nicht, »Danke«, wenn sie ganz gut gelaunt ist, und »Auf Wiedersehen« fast nie. Ich lasse sie, da ich es hasse, die Kinder auf so etwas zu dressieren. Gott sei Dank ist es noch nicht über meine Lippen gekommen, zu sagen: »Wie heißt das Zauberwort?« Jana, so denke ich mir, ist eben eigen, sie gibt auch nicht, wie Luca, einfach jedem Fremden die Hand, der danach verlangt, und das hat ja auch sein Positives. Sie lässt sich auch nicht »kaufen«. Dem Kinderarzt, der ihr einen Eiterbeutel am Finger aufgeschnitten hat und ihr dann in aller Eile ein Gummibärchen dafür schenkte, entgegnete sie schlicht: »Ich mag keine Gummibärchen.« Was auch stimmt. Höflichkeit bedeutet eigentlich nur, dem anderen zu bekunden, dass man ihn respektiert. Doch die Weise, wie Kinder Respekt bekunden, muss nicht so aussehen, wie Oma sich das vorstellt.

»Gesundheit!«

61

Die Sache mit den Zauberworten

Mit Kindern lernen Eltern, sich zu bedanken. Für das Geschenk von der Oma, der Tante, dem Onkel ...

Dennoch ist es mir mal mehr, mal weniger unangenehm, wenn meine Tochter sich so »unverbindlich« verhält. So übernehme ich gelegentlich den vermittelnden Part: Erhält sie irgendwelche Geschenke von meinen Freundinnnen oder Bonbons von der netten Frau im Supermarkt an der Kasse, bedanke ich mich für sie. Bleibt sie nach mehreren »Auf Wiedersehens« und »Tschös« von sich verabschiedenden Gästen stumm, erkläre ich den Gehenden: »Abschied ist nicht so ihre Sache, das mag sie nicht.« Biggi, Mutter von zwei Jungs, brachte es auf den Punkt: »Ich verkneife mir manch-

mal den Satz: ›Was sagt man denn?‹ Aber ich denke insgeheim: Warum können die nicht mal ›Danke‹ sagen, wenn die Schwiegereltern ihnen etwas schenken? Ich bin dann manchmal richtig enttäuscht.«

Ich will mich nicht bedanken

Uli hat eine »Bedankungszwangssituation« aus seiner Kindheit ganz lebhaft in Erinnerung. Er war fünfeinhalb Jahre alt und wohnte mit seinen Eltern damals in Südafrika. Freunde der Eltern waren vorbeigekommen und hatten ihm etwas mitgebracht. Seine Eltern verlangten von ihm, er solle sich mit einem Küsschen bei der Frau bedanken. Das war ihm zu viel. Er wollte unter keinen Umständen unter Zwang diese Frau küssen. Lieber das Geschenk zurückgeben. Es entbrannte ein Streit zwischen ihm und seinen Eltern, in dessen Verlauf er von zu Hause abgehauen ist. Anderthalb Stunden wanderte er umher und landete letzten Endes im fünf Kilometer entfernten Haus von Bekannten. Ein Weg, den er noch nie zu Fuß, geschweige denn alleine gemacht hatte. Keine Frage: Freundliche Kinder lassen einem zuweilen das Herz aufgehen. Abgesehen davon fällt das ja auf die Eltern zurück. »Gute Erziehung«, denkt jeder Fremde. Und man selber heftet sich so ein vorbildliches Kind auch ganz gern an die Weste. Nur: Erzwingen sollte man solche Verbindlichkeiten nicht, jedenfalls nicht in Anwesenheit des fremden Schenkers. Unter vier Augen mit den Kindern über höfliche Umgangsformen zu reden und ihnen

> ## *Höflichkeiten rausgepresst?*
> *Vorbild sein ist ein Weg. Es ist auch eine Möglichkeit, mit Kindern in Ruhe darüber zu reden. Nur: Besser nicht vor anderen. Irgendwann wird's schon kommen. Und wenn nicht, haben Kinder möglicherweise ihre Gründe dafür. Vielleicht spüren sie, dass etwas nicht echt, nicht stimmig ist an einem Geschenk oder dem Schenkenden.*

klar zu machen, dass Freundlichkeit auch ihnen das Leben angenehmer machen kann, ist etwas anderes.

Kindergarten-abschied

Herzzerreißende Dramen spielen sich ab und zu vor dem Kindergarten ab, wenn die Kleinen ganz alleine dableiben sollen. Möchte man sie dann aber wieder abholen, wollen sie plötzlich nicht mehr gehen.

Unsere Kinder gehen in eine Kindertagesstätte. Das fanden wir damals ganz gut, denn die Eltern können sich »miteinbringen«. Sie dürfen mitreden, mitkochen, an manchen Tagen mitbasteln, mitbestimmen und mitfrühstücken. Bei allen Tiefen und Schwierigkeiten, die daran hängen, sind wir in der Regel ganz froh, dass wir unsere Kinder nicht draußen vor der Tür abgeben müssen, sondern mit ihnen reingehen, den Kindern Mäntel und Schuhe aus- und die Pantoffeln anziehen. Wir spazieren gemeinsam durch alle Räume, sagen »Guten Morgen« und frühstücken gemeinsam an den kleinen Kindertischen in der Küche.

64

»Bleib hier«

Doch irgendwann kommt der Abschied und der fällt oft schwer. »Wieso kann meine Mama nicht bei mir bleiben?« – »Weil sie arbeiten muss und Geld verdienen.« Erklären Sie das mal einem Zweijährigen. Schon wenn ich mich anschicke, mein Kinderstühlchen nach hinten zu schieben, springt der Kleine wie angestochen auf, klammert sich an mein Bein und ruft: »Bleib hier.« – »Nein, die Mama muss ins Büro, ich hol' dich heut' mittag wieder ab.« – »Nein, nein, bleib hier.« Ich versuche es noch einmal: »Das hier ist ein Kindergarten, kein Elterngarten, jeder hat seinen Platz und heute Nachmittag sind wir alle wieder zusammen.« Nichts. »Mama, bleib hier«, klammert sich der Zweijährige schluchzend immer heftiger in meiner Hose fest. Jetzt heißt es Zähne zusammenbeißen, die Arbeit ruft. Also, die harte Tour: »Tanja«, so heißt eine Erzieherin, »nimmst du ihn mal? Ich muss los.« – »Ja. Komm Luca, wir winken noch.« Laut schluchzend und heulend wird das kleine Bündel von meinem Hosenbein losgezerrt und auf Tanjas Arm befördert.

> ## Die kleinen Abschiede
> *Scheiden tut weh – kleinen Kindern, die noch nicht sicher wissen, ob und wann sie ihre Eltern wieder sehen. Verlässlichkeit und Pünktlichkeit von Seiten der Eltern hilft Kindern, Vertrauen auf ein Wiedersehen zu gewinnen.*

Rabenmütter?

Sekunden später am Fenster: ein immer noch schluchzender Sohn, auf dem Arm der Erzieherin, einer verzweifelten, mit Schuldgefühlen beladenen Mutter gegenüber. Was dann passiert, weiß die verzweifelte Mutter erstmal nicht: Häufig hört der Kleine, sobald die Mutter aus dem Gesichtsfeld ist, direkt auf zu weinen und gesellt sich fröhlich in die gerade errichtete Höhle seiner Kumpels. An der Mutter nagt indes der Abschied: »Wie kannst du Rabenmutter dem Kleinen so etwas antun? Ihn heulend und schreiend im Stich lassen?« Warum gibt es so viele zufrieden spielende Kinder, froh, ohne Aufsicht der Eltern mal endlich in Ruhe unter sich sein zu können? Und warum gehört mein Knirps nicht dazu?

Keine Willkür

Auch kleinen Kindern gibt es Sicherheit, wenn sie das Gefühl haben, sie sind nicht nur den äußeren Zwängen der Erwachsenen ausgesetzt, sondern können Situationen aktiv mitbestimmen.

66

Worauf du dich verlassen kannst

Pünktlich bringen und abholen, darauf achte ich sehr, auch wenn mir manchmal mittags die Zunge aus dem Hals hängt, weil ich mitten in der Arbeit aufspringe und zum Kindergarten hechte. Aber woher sollen sie wissen, dass ich wirklich pünktlich bin? Diese Erfahrung müssen sie erstmal machen und manchmal auch öfter. Oder weiß ein Zweieinhalbjähriger, der schon einige Zeit in den Kindergarten geht, das doch? Irgendwie wurde ich das Gefühl nicht los: Da ist ein Spielchen im Gange. Etwa so: Wer hat den längeren Atem? Wer gewinnt? Schaffe ich es, die Mama länger hier zu halten, als sie eigentlich wollte?

Mama bleibt da

Druck soll man nicht mit Gegendruck beantworten, schießt es mir durch den Kopf. Also versuche ich es mal andersherum: Frühstücksende im Kindergarten. Jana schiebt direkt los in Richtung Bastelraum. Luca bleibt neben mir. Ich stehe auf und bewege mich Richtung »Toberaum«. Luca kommt direkt hinter mir her und hält mich fest: »Mama, bleib hier.« – »Okay.« Ich bleibe. Wir schauen den anderen Kindern beim Spielen zu, er fest an mein Bein geklammert. Drei Jungs und ein Mädchen stapeln die bunten Riesenlegos aufeinander, eine Kleine schiebt Kissen durch die Gegend und baut eine Burg. »Luca, möchtest du mit uns ein Auto bauen?«, fragt Markus, der Erzieher. »Nein«, antwortet mein Sohn. »Sollen wir eine Eisenbahn bauen?« – »Nein.« Wir stehen weiter da. Die Umklammerung meines Beines wird etwas gelockert. »Möchtest du einen Trecker bauen?« Trecker sind Lucas absolute Lieblingsgefährten. Er löst sich und spaziert auf Markus zu. Ich warte noch einen kurzen Moment und verabschiede mich. Luca, der meinen Rückzug registriert, rennt kurz darauf hinter mir her. Ich atme tief. »Mama«, höre ich ihn rufen, »geh jetzt.«

Aus der Geborgenheit der Kleinfamilie in eine große Gruppe zu gehen, bedeutet für jedes Kind einen Riesenschritt. Auch wenn die Kleinen immer autonomer werden, brauchen sie die Rückversicherung bei der vertrauten Bezugsperson.

Konsequenzen

Kinder brauchen Grenzen, das ist den meisten Eltern spätestens, wenn der Sprössling in der ersten Trotzphase gelandet ist, sonnenklar. Aber wie kann man die setzen, wenn gut zureden und deutlich sagen: »Das darfst du nicht«, oder lange Erklärungen, warum man Zähne putzen, sich waschen oder die Hauptspeise vor dem Nachtisch verzehren muss, nicht zum Ziel führen? Es gibt da einen sehr erfolgreichen Trick, den unsere Sprache bereithält. Er liegt in den banalen Worten: »Wenn-dann«.

Eine Ausage, in der »Wenn-dann« vorkommt, kann wahre Wunder bewirken. Eltern benutzen sie deshalb ziemlich oft: »Wenn du deine Kartoffeln und dein Gemüse nicht isst, dann gibt es auch keinen Nachtisch. Wenn du die Zähne nicht putzt, dann lese ich nachher keine Geschichte mehr vor. Wenn ihr euch weiterhin um das Auto streitet, dann nehme ich es euch weg.« – Die Liste ließe sich endlos fortsetzen. Oft hilft dieser Trick. Nachtischhungrige Kinder essen zumindest teilweise ihr Kartoffeln-Möhren-Allerlei, das sie eigentlich gar nicht interessiert, Zähne werden schneller geputzt und selbst ein Autostreit hat die Chance auf Schlichtung.

Der innere Zusammenhang

»Wenn-dann« muss also wenigstens vorher gut überlegt sein. Eine Regel gilt dabei aber immer: Das »Dann«, also die Konsequenz, muss in irgendeinem nachvollziehbaren Zusammenhang mit dem »Wenn«, also dem Auslöser, stehen.

»Wenn-dann«

Ich ärgere mich manchmal über mich selbst, wenn ich wieder diese unwiderrufliche, schicksalhafte Formel ausspreche, aber sie wirkt, manchmal wenigstens. Das hat Jana übrigens auch erkannt: »Luca, wenn du mir die Tasche nicht gibst, dann darfst du nie mehr Liebesperlen«, hörte ich sie letztens drohen. Das Problem ist, »Wenn-dann«-Aussagen lassen keinen Ausweg. Weder für Kinder noch für Eltern.

Wir sitzen beim Essen. Der zweieinhalbjährige Luca mümmelt ewas lustlos vor sich hin. »Mama, kann ich aufstehen?« – »Nein, iss bitte erst deinen Teller leer.« – »Mama, ich bin satt.« – »Du hast doch kaum was gegessen, iss deinen Teller leer, dann kannst du aufstehen.« – »Will aber nicht.« Luca hampelt auf seinem Kinderstuhl herum und macht Anstalten, sich wegzubewegen. »Luca«, meine Stimme wird leicht scharf, »wenn du deinen Teller leer gegessen hast, dann kannst du aufstehen.« – »Mag aber nicht.« Luca ist vom Stuhl runtergehüpft. »Luca, ich habe gesagt, dass du erst aufstehen kannst, wenn du den Teller leer gegessen hast«, ich hebe ihn wieder auf seinen Stuhl. Der Junge hat wirklich kaum was gegessen. Jana und Heiner schweigen.

Die Sache mit dem Ernstnehmen

Vorsicht: Manche Eltern verwechseln die Sorge um die Ernährung des Kindes mit Maßnahmen zu seiner Disziplinierung. Essstörungen können die Folge sein.

Irgendwie steigt so ein unwohles Gefühl in mir hoch: »Aber wenn er doch einfach satt ist«, schießt es mir durch den Kopf. Eigentlich sollen die Kinder doch selbst ein Maß kriegen, wie viel sie essen. Und unterernährt sieht der Mann nicht aus. Irgendwie habe ich mich da in was reingeritten. Aber wie komme ich jetzt wieder aus der Nummer raus? »Was man sagt, muss man auch machen«, weiß schon Jana. Sonst nimmt einen auch keiner mehr ernst. Auf der anderen Seite: Was hat das Essen mit dem Aufstehen zu tun? Irgendwie komme ich mir komisch vor. Aber mein Gesicht will ich jetzt auch nicht verlieren. »Komm, Luca, noch zwei Löffel, dann ist es okay.« Zu meinem Glück isst er tatsächlich noch einen Löffel. Ich entlasse ihn ganz schnell von seinem Stuhl und mich aus der Zwickmühle.

Der Bezug muss stimmen

»Wenn du nicht aufräumst, dann gibt es keinen Nachtisch«, hat überhaupt keinen erkennbaren Bezug. Es ergibt sich weder für die Kinder noch für die Erwachsenen eine kausale Notwendigkeit. Der

Entzug des Nachtisches ist lediglich eine willkürliche, uneinsehbare Strafe. »Wenn ihr euch jetzt nicht wascht und die Zähne putzt, bleibt nachher keine Zeit mehr, eine Geschichte vorzulesen« macht schon eher Sinn. Es steht eine gewisse Zeit für die »Ins-Bett-Bring-Zeremonie« zur Verfügung – wenn das eine zu lange dauert, ist für das andere kein Platz mehr. »Wenn du mit Spielzeug schmeißt, müssen wir es dir wegnehmen«, »Wenn du deine Gabel zu Boden wirfst, musst du sie wieder aufheben oder mit dem Löffel essen«. So etwa lauten Konsequenzen, die sich von selbst ergeben oder einen Sinn haben, indem sie logische Grenzen aufzeigen. Sie sind wichtig, um den Kindern Orientierung zu geben. Strafen sind inhaltlich nicht einsehbar. Sie signalisieren lediglich, wer der Stärkere im Haus ist, so nach dem bekannten Slogan aus der Mottenkiste: »Solange du die Füße unter meinen Tisch stellst, bestimme immer noch ich, was hier passiert«.

> ## Kleine Schlaumeier
>
> *Gar nicht dumm, wenden unsere Kinder das »Wenn-dann«-Prinzip auch schon an. Natürlich wenn von ihnen etwas Unliebsames gefordert ist – und diese Situation gibt es ja mehrmals täglich: »Ich putze nur dann die Zähne, wenn du mir danach noch ein Bonbon gibst«, fiel Jana neulich als Lösung ihres Problems: »Wie komme ich heute Abend noch an etwas Lutschbares?« ein.*

Logische »Wenn-dann«-Aussagen werden natürlich auch von den Kindern durchdacht. Letztens haben die Kinder die Tagebücher entdeckt, die ich für sie schreibe. Da viele lose Blätter darin rumfliegen, wollte ich sie gerne aus ihren Klauen retten und sagte: »Wenn ihr groß seid, dann schenk' ich euch die Bücher.« Darauf stieg Luca auf einen Stuhl, hob die Arme in die Höhe und verkündete: »Mama, ich bin groß.« Sie werden natürlich auch praktisch angewandt, weil man ja sein Ziel irgendwie damit zu erreichen scheint. Zumindest die Eltern schaffen das oft. »Mama, ich putz' mir nur die Zähne, wenn ich dann noch was aufbleiben darf«, bestimmte Jana letztens und schaute mich herausfordernd an.

71

Modebewusstsein

Wenn es um »sich schick machen« geht, klingt mir immer noch die Geschichte im Ohr, die meine Mutter mir aus meiner Kindheit erzählt hat. Es war Sonntag. Wir wollten Verwandte besuchen und ich sollte ein »feines Kleidchen« anziehen. »Ich will kein feines Kleidchen anziehen«, habe ich zu meiner Mutter in quengeligem Ton gesagt. »Was willst du denn anziehen?« – »Texashose und Pullover.« Es half nichts, ich musste das feine Kleidchen anziehen. Diese Entscheidung wollte ich offenbar nicht so stehen lassen: Kaum draußen, steuerte ich zielsicher die nächste Pfütze an und stolperte mutig hinein. Texashose und Pullover hatten gewonnen.

Modemacher

Die Mode wird bestimmt, und zwar immer nur von einer kleineren Gruppe, so steht es im Lexikon. Bis zur Französischen Revolution war es der Adel, in jüngster Zeit sind es besonders die Film- und Sportgrößen, die vorgeben, wie kurz die Röcke, wie weit die Hosen, wie tief die Dekolletees zu sein haben. Bei Kindern ist das anders.

Für die »lieben Kleinen« bestimmen die Eltern, was und wie sie es am Leib tragen sollen. Jauchzend vor Entzücken: »Oh, wie süß«, stürzen sie sich in den Kinderabteilungen der Kaufhäuser auf die rosa Spitzenunterwäsche, das schwarzgepunktete Rüschenkleid oder die modisch ausgestellte Samtleggins. Nicht unbedingt »schick« wie früher, aber »hip« sollen die Kinder von heute aussehen. Und so werden sie eingekleidet, wie Mama es vom Diktat der Modezaren

> ### Eine Frage des Respekts
> *Wenn Kinder ihre Garderobe selbst auswählen wollen, sollte man sie lassen. Nur so können sie lernen, Entscheidungen zu treffen und selbstsicher zu werden. Wenn wir die Kinder respektieren, lernen sie, auch andere ernst zu nehmen.*

vorgegeben bekommt. Eltern wollen sich nicht nur selbst am adretten Äußeren ihrer Sprösslinge erfreuen – das mütterliche Herz geht auf, die väterliche Brust schwillt, wenn Omas, ErzieherInnen oder andere Mütter voller Neid sagen: »Oh, sieht die süß aus.«

Kindliches Modebewusstsein entspricht nicht immer den gängigen Kleidungsgepflogenheiten.

Und was wird angezogen?

Der Einkauf der Kinderkleidung ist in der Regel Müttersache, ebenso wie das morgendliche Rauslegen der Klamotten. Unsere Kinder müssen nicht wie aus dem Ei gepellt sein, aber auch ich achte darauf, dass Jana und Luca nach meinem Empfinden schön angezogen sind. Nach Möglichkeit sollen Pullover und Leggins zusammenpassen, zum Jeanskleid soll Jana eine rote oder blaue Strumpfhose anziehen, den Leopardenlook runden die Leopardensöckchen ab. Natürlich müssen an manchen Tagen mehrere Sets herhalten, wenn die Kinder sich den Saft über den Pulli schütten oder eben in eine Pfütze fallen. Bislang hat das immer gut geklappt. Über Kleidung wurde nicht lange diskutiert, ich war »die Bestimmerin«. Als Jana knapp vier war, trat plötzlich eine Wandlung ein. »Ich möchte nicht das gelbe Hemd anziehen, sondern das rote Kleid.« »Die grüne Leggins gefällt mir nicht, ich will lieber die lila Strumpfhose«, und: »Das Kuhkleid zieh' ich nicht mehr an, das ist so ausgewaschen.« – Das mit dem »eigenen Willen« hatte sich auch auf die morgendliche Kleiderfrage ausgeweitet. »Ich suche selber aus«, lautete jetzt die Zauberformel.

Kinder haben manchmal einen exzentrischen Geschmack. Dass nicht alle ihre selbstgewählten Ensembles schön finden, merken sie schnell. Manche Kinder werden sich anpassen, andere pflegen die Lust am eigenen Stil.

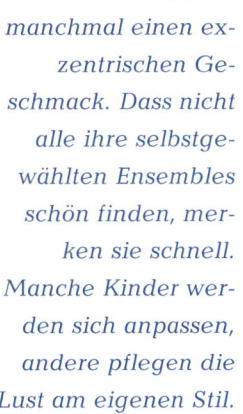

Geschmack ist, was gefällt

Von modischen Trends der Kaufhäuser durchdrungen, versuchte ich, zunächst mit Engelszungen, »meinen« Stil durchzubringen. Als das nicht klappte, bemühte ich Sachargumente: »Der Pullover ist doch ganz neu«, »Das Kleid ist zu kalt.« Keine Chance – ihre Modezaren schienen andere zu sein als meine. Ich war drauf und dran, mit meiner Tochter einen Streit über ihre Kleidung vom Zaun zu brechen, als mein Mann mich zurückhielt: »Lass sie selber aussuchen. Das ist ihre Sache.« Zunächst zähneknirschend hielt ich mich zurück. Sie sucht selber aus, zielsicher findet sie Kombinationen, auf die ich nie kommen würde: lila Leggins, Blumen-T-Shirt und Katzenpullover. Häufig stimmt sie sehr sorgfältig Ton in Ton ihre Garderobe aufeinander ab. Statt Texashose und Pullover steht bei ihr das »feine Kleidchen« hoch im Kurs.

> ### Jakob und Max über das richtige Outfit
> *»Meine Mutter hat überhaupt keinen Geschmack. Ich finde, wenn die Mutter einem was kauft, dann sollte sie die Kinder mitnehmen.« – »Ich hatte mal neue Schuhe, die haben mir überhaupt nicht gefallen. Da hab' ich meine alten in den Schulranzen gepackt und hab' die auf der Treppe rausgeholt und angezogen und die neuen reingetan.«*

Mein Stil

Probeweise breitet Jana die ausgewählten Stücke auf dem Wohnzimmerboden aus, um zu sehen, ob alles zusammenpasst. Dann kleidet sie sich an, schaut kritisch an sich herunter und geht hochzufrieden in den Kindergarten. Neulich hat eine Erzieherin sie umgezogen, weil ihre Sachen beim Zähneputzen nass geworden waren. Die Leopardenhose und das dazugehörige T-Shirt mussten einer rosa Trainingshose und einem blauen Sweat-Shirt weichen. Jana ließ es geschehen, jedoch nicht, ohne der Erzieherin zu versichern: »Tanja, das ist eigentlich nicht mein Stil.«

75

Quengeln

Quengeln«, so steht es im Duden, bedeutet: »lästig fallen, besonders von Kindern«. Abgeleitet ist es aus dem mittelhochdeutschen »twengen« beziehungsweise dem mittelniederdeutschen »dwengen«, was so viel heißt wie: zwängen, drücken, bedrängen, nötigen. Interessanterweise haben Kinder ihre Eltern erst ab dem 18. Jahrhundert genötigt. Vorher gab es das Wort nämlich nicht.

Aber Quengeln ist nicht nur negativ. Wenn es an normal hörende Ohren gelangt, so ist es sehr gut geeignet zur Stabilitätsprüfung des Trommelfells. Auch die Nervenstränge der angequengelten Personen können auf ihre Belastbarkeit hin getestet werden.

Die Quengler selbst haben eine noch viel positivere Einstellung zu diesem im Duden so negativ dargestellten Begriff: Quengeln ist super. Das wissen Kinder. Man erreicht schließlich eine ganze Menge damit. Also quengeln sie, wenn ihnen etwas nicht passt. Manchmal schon früh morgens, zu Zeiten, in denen erschöpfte Eltern noch um ein Quäntchen Ruhe betteln, wird losgequengelt: Ich muss mal, ich hab' Hunger, mein Fuß tut weh, ich will aufstehen, ich will einen Keks.

Was machen Eltern, die morgens keinen Lärm ertragen können, einfach ihre Ruhe wollen und einen langsamen Start in den Tag brauchen? Mit aufs Klo gehen, den Fuß streicheln, Kekse tonnenweise herbeischaffen, oder schon abends

Ein cleveres Quengelkind

Luca isst Kekse. Nachdem er schon Mengen gegessen hat, von denen jedem Erwachsenen kotzübel würde, sagt Heiner: »So, jetzt ist Schluss, du hast genug gehabt.« Luca ganz cool: »Wenn ich keinen Keks kriege, dann quengel' ich wieder.«

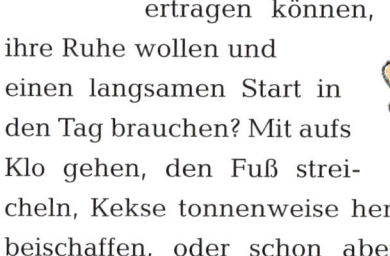

76

irgendwelche »Häppchen« deponieren. Natürlich ist die Quengelei nicht auf frühmorgens beschränkt, da fällt sie nach der eventuellen nächtlichen Ruhe nur besonders auf. Sie kommt unverhofft, auch in Situationen, in denen Eltern meinen: »Aber die Kinder haben doch alles. Ich mache doch alles.« Und trotzdem: Es ist nicht recht. Jana hat das »falsche« Stück Birne bekommen, ihr Brot ist längs statt quer geschnitten, Lucas Becher ist grün statt »rosie«. Na gut, dann bekommt Jana eben das andere Stück Birne, ich schmiere ihr ein neues Brot und schneide es quer, für Luca hole ich einen rosie Becher aus der Spülmaschine. Und trotz alledem: Bei der nächsten Gelegenheit wird weiter gequengelt. Manchmal reicht es dann einfach auch: »Schluss, aus, Ende«, kommt dann genervt aus meinem Mund.

Eines der wirkungsvollsten »lebenserhaltenden« Instrumente haben Kinder schnell erkannt: das Quengeln.

Rund um die Uhr

Abends wird regelmäßig gequengelt. Klassische Situation: Die Kinder sind müde und wollen nicht ins Bett. Bei uns fängt das spätestens an, wenn ich abends in der Küche stehe und das Essen mache. Luca und Jana zanken sich oder wollen auf die Anrichte klettern, ich sage »nein« und schon ist der Stress da. Heute war wieder so ein Tag. Es gibt einen kleinen Streit, ich gehe dazwischen. »Dann bin ich gar nicht mehr deine Freundin«, erklärt Luca mir unter Tränen. Irgendwie scheint das auch ansteckend zu sein. Beide Kinder quengeln. Ich versuche weiter Möhren zu schälen. Gequengel. Nach zwei Minuten, sie kommen mir wie eine Ewigkeit vor, frage ich: »Könnt ihr noch einen Moment ruhig sein? Das Essen ist gleich fertig.« Das Gequengel wird lauter. »Nein!«, schreit Jana. Ich versuche ruhig zu bleiben und weiterzuschälen. »Spielt doch noch einen Moment.« – »Nein, quengel.« – »Sollen wir uns wieder vertragen?« – »Nein, quengel.« Ich werde laut: »Jetzt hört mal auf zu quengeln!« – »Wenn du uns anschreist, quengeln wir nur noch mehr«, entgegnet Jana. Gequengel. Ich schäle weiter meine Möhren. »Arme, Arme«, weint Jana. »Das geht jetzt nicht, dann kann ich nicht kochen.« Gequengel. »Kann nicht mehr laufen«, kommt Luca angeweint. »Verdammt noch mal, ich muss doch wenigstens in Ruhe das Essen machen.« Gequengel. Jana ist todmüde. »Soll ich Dich ins Bett bringen?« – »Nein«, Gequengel. »Schoß«. Ich nehme sie in den Arm, und wenn ich Glück habe, kann ich sie beruhigen. Luca wird später abends wieder friedlich, er macht ja noch seinen Mittagsschlaf.

> ## Was kann man tun?
> *Schnell durchgehen: Warum wird gequengelt? Müde, kranke oder hungrige Kinder haben natürlich einen »Quengelbonus« und dürfen quengeln und entsprechend betüttelt werden.*

Überall das gleiche Quengellied?

Meine Freundin Petra erzählte mir, bei ihnen sei das eigentlich immer so: Der Tag kann noch so schön und harmonisch gewesen sein, Familienausflug in den Märchenwald, Eis, Spielplatz, Pommes mit Ketschup, abends wird gequengelt. Nicky Lee will sich nicht ausziehen, nicht Zähne putzen, nicht ins Bett, nur quengeln. »Was soll ich denn noch machen?«

»Wieso sind Kinder so undankbar?« »Ich hab' mir Mühe gegeben, ihr einen schönen Tag zu machen, und dann sowas.« – Mittlerweile ist sie dazu übergegangen, das »Theater« nicht zu lange mitzumachen. Anstatt mit ihrer quengelnden

78

Tochter ums Zähne putzen zu ringen, steckt sie sie schon mal komplett angezogen und ungewaschen ins Bett. Vielleicht merkt sie ja selbst, wie unbequem es ist, in Texashose zu schlafen ...

Ich glaube, man muss verschiedene »Quengler« unterscheiden: Es gibt solche, die die Grenzen testen, eben, wenn es um den »rosie« Becher und das längs geschnittene Brot geht. Andere signalisieren eine Unzufriedenheit, Eifersucht, schlechte Laune oder das Gefühl, zu wenig beachtet zu werden. Und es gibt Quengler, die ganz klar ein körperliches Bedürfnis äußern: Hunger, Müdigkeit oder eine sich im Anmarsch befindende Erkrankung. Gequengel als Mittel im Kampf um Bonbons, Fernsehen, Autos ist schon schwieriger zu handhaben. Hier gilt es abzuwägen: Ist es mir jetzt wichtig, »nein« zu sagen? Wenn nicht, kann man sich den Stress sparen, wenn doch, muss man erstmal weiteres Gequengel in Kauf nehmen. Dann ist es aber auch ganz wichtig, klar und konsequent zu bleiben.

Manchmal fange ich selber an zu quengeln, aber das bringt die Kinder nur noch mehr in Rage. Wenn es mir zu viel wird, schicke oder bringe ich sie ins Kinderzimmer. Was häufig hilft, wenn man die Geduld dazu aufbringt: ein Buch vorlesen oder eine Kassette einlegen. Schon nach fünf Minuten Ruhe in einer anderen Welt sind sie manchmal wie ausgewechselt.

Quengeln ist nicht gleich quengeln. Es kann auch durchaus ernst zu nehmende Ursachen haben.

Alexandras Strategie

»Wenn z. B. jemand bei mir schlafen soll, dann kann ich auch quengeln. Dann sag' ich immer: ›Das ist gemein, die anderen Kinder dürfen das auch‹, dann klappt das auch öfters mal.«

Religion

Die meisten Menschen meiner Generation haben ein verkrampftes Verhältnis zur Religion, genauer gesagt zur katholischen Kirche. Wir zum Beispiel: Heiner hat in seiner Kindheit, wie er sagt, die Moralkeule gespürt, Angst vor Teufel, Hölle, Fegefeuer sind ihm noch lebhaft in Erinnerung. Mein Verhältnis ist eher diffus. Ich fühlte mich zu Beichtzeiten als kleines, armes Sünderlein, ging relativ ungern und widerwillig in die Kirche. Kein Wunder, wir mussten ausgerechnet samstags frühabends dorthin. Im Fernsehen lief gerade Tarzan. Wenn es am spannendsten war, kam mein Vater, drückte auf den Ausknopf unseres kleinen Schwarz-Weiß-Fernsehers und kutschierte uns in die Messe. Mein Glaube an ein gottähnliches Wesen ist eher passiver Natur – keine guten Voraussetzungen, um unsere Kinder religiös zu erziehen oder sie gar taufen zu lassen. Religion war lange Zeit kein Thema. Im Zweifel zieht bei uns das Argument: Wenn sie einmal alt genug sind, dann sollen sie selbst entscheiden.

Ganz gleich, welche spirituelle Lebensauffassung Eltern haben, sie beeinflusst die Haltung der Kinder zum Glauben, zur Religion und zu den Menschen.

»Wer ist der Typ am Kreuz?«

Susanne, eine Mutter aus unserem Kindergarten, stellte mir einmal beim gemütlichen Eisessen mit den Kindern die Gewissensfrage: »Wie gehst du eigentlich mit dem Thema Religionserziehung um?« Ich fiel aus allen Wolken. »Gar nicht, das ist bei uns kein Thema.« Susanne war sehr erstaunt. Ihr Sohn Luca hatte sie schon mit etlichen Fragen bombardiert: »Wer ist eigentlich der Typ am Kreuz?« oder »Wer ist der Vater vom lieben Gott?«, wollte der junge Mann wissen. Das wussten die Eltern auch nicht gleich ohne Stottern zu beantworten. Sie waren aber schon insofern weiter, als sie mit ihrem Sohn die Kinderbibel lasen und Religion zu einem wichtigen Thema erklärt hatten. Die Kinderbibel lesen wir mittlerweile

auch, unter anderem aus ganz eigennützigen Gründen: Ich finde die Geschichten sehr interessant und führe sie mir auf diese leichte Weise gern selbst wieder zu Gemüte. Die Geschichte, wie Gott die Welt erschaffen hat, ist irgendwie schöner als die vom Urknall. Außerdem kann man sie sich besser vorstellen. Konsequenz sind natürlich die bohrenden Fragen von Jana und Luca: »Wie sieht der liebe Gott aus?« – »Das weiß ich nicht«, wäre die richtige Antwort. »Wie hat der liebe Gott denn die Autos gemacht und die Fahrräder und die Bänke und die Spielsachen … und wie hat er die Bäume gemacht, die hören doch gar nicht?«, wollte Jana ganz interessiert

Ob Eltern religiös sind oder nicht: Der Respekt vor den Gefühlen und Empfindungen des Kindes ist wichtiger als die eigenen Vorstellungen von Kirche und Moral.

81

wissen, nachdem sie andächtig der Schöpfungsgeschichte gelauscht hatte, denn schließlich heißt es in der Bibel: »Gott sprach zu ihnen ...«, aber Bäume haben doch gar keine Ohren. Gott sei Dank ist sie dann selbst darauf gekommen, dass die Bäume wahrscheinlich einfach so gewachsen sind.

Beten

Die Fragen der Kinder beschränken sich mitnichten auf solche Fragen: »Mama, waren wir schon mal auf der Welt?«, wollte Jana letztens wissen. »Kann schon sein, wenn man daran glaubt, dass die Leute nach dem Tod weiterleben«, antwortete ich. »Wer glaubt daran?«, fragte Jana in die Runde. »Ich«, sagte ich, und Luca gab ebenfalls sein Glaubensbekenntnis ab. Heiner schüttelte den Kopf. Jana überlegte offenbar, dann beugte sie sich zu ihm rüber: »Papa, glaub' doch auch daran, dann sind wir doch wieder alle zusammen. Ich glaube daran«, sagte Jana fest. Freunde von mir schicken ihren Sohn in einen jüdischen Kindergarten, weil er um die Ecke liegt. Der Dreijährige betet schon perfekt auf hebräisch, und der Vater betet mit. Sollen wir mit den Kindern beten? Das ist auch wieder so eine Frage. Der Opa betet schon mal mit ihnen, und sie haben Spaß daran. Mein Neffe Hans, 13 Jahre alt, hat mit seinem Vater immer gebetet und das, wie er heute sagt, als Halt empfunden:

»Abends wenn ich schlafen geh',
14 Englein um mich stehn:
Zwei zu meiner Rechten,
zwei zu meiner Linken,
zwei zu meinen Häupten,
zwei zu meinen Füßen,
zwei die mich decken,
zwei die mich wecken,
zwei die mich weisen
zu des Himmels Paradeisen.
Amen.«

> ## Die eigene Position klären
> *Fragen nach Religion und Kirche können Eltern auf Dauer nicht ausweichen. Um etwas unbefangener damit umgehen zu können, hilft es, sich über die eigenen Konflikte klar zu werden. So kann ich trennen zwischen meinen eigenen Problemen und dem, was die Kinder an Interessantem durch Religion mitbekommen.*

Manchmal hat er das Gebet noch abgewandelt – zwei, die mir gute Träume schicken oder so ähnlich. Zumindest ein Gebet, das keine Ängste vor Teufel und Fegefeuer schürt.

Eltern sollten immer versuchen, Fragen des Glaubens und der Moral voneinander zu trennen. Wer bei Fehlverhalten mit dem »Zorn Gottes« droht, verbreitet lediglich Angst und Schrecken bei den Kindern.

Sauberkeit

Kleine Kinder matschen und schmieren für ihr Leben gern. Sand, Knete, Fingerfarbe, Kuchenteig, aber auch hochwertige Cremes, Butter, selbst der eigene Kot würden sich gut zum Matschen eignen, wenn man ihrer habhaft würde. Kleine Kinder plantschen auch für ihr Leben gern. Bei Luca ist dieses Bedürfnis besonders stark ausgeprägt. Bei Tisch heißt die Parole: Umschütten. Wenn er kein Wasser hat, tun es auch Saft, Kaffee oder Bier, die hin- und her- und umgeschüttet werden. Auch im Kindergarten scheint er seiner Leidenschaft zu frönen: »Die Kita, die wird immer nasser, Luca spielt so gern mit Wasser«, dichteten die ErzieherInnen bei einer Weihnachtsfeier auf ihn. Leider hat seine Verbindung zu Wasser ganz klare Grenzen. Und die beginnen schon da, wo es um die allabendliche Wäsche geht. Da bockt der Mann plötzlich. Das heißt: Waschen findet er überhaupt nicht gut, selbst wenn der Kakao um den Mund, die Spagettisoße unterm Kinn und die Limonade auf der Nase kleben, der Dreck sich zwischen den Fingern und unter den Fingernägeln eingenistet hat.

Ein Wannenvergnügen

Um kleine Schmutzfinken wenigstens gelegentlich mit Wasser in Berührung zu bringen, hilft es, ihnen das Plantschen schmackhaft zu machen. Eine warme Badewanne und eine Spielente können wesentlich dazu beitragen.

Waschen – wozu?

»Ich bin klein, aber gar nicht gern rein ... hihi.«

Aufgeklärte Eltern, die die Spucktücher ihrer Mütter gehasst haben, jagen plötzlich hinter ihren Liebsten her, um sie zu irgendeiner Art von Reinigung zu nötigen – wohl wissend, welches »Trauma« die reinlichkeitsbeflissene Mutter vielleicht bei ihnen hinterlassen hat. Die abendliche Jagd ist auf Dauer meine Sache nicht. Luca ist ein leidenschaftlicher Rollenspieler. Diese Vorliebe kann man sich zunutze machen. Als Babyfohlen, liebes Gespenst oder böser Wolf lässt er schon so manches über sich ergehen. Eine seiner Lieblingsrollen: Babykatze. Das brachte mich, wie ich fand, auf eine ziemlich geniale Idee: Ich erzählte meinem Sohn, dass Katzen sehr reinliche Tiere sind. Sie waschen und putzen und lecken sich bei jeder Gelegenheit, um sauber zu sein. Luca fand das höchst interessant. Mit Begeisterung fing er an, seine Arme und Hände abzulecken. Irgendwo war da ein Fehler…

> ### Alexandra und die große Wäsche
> *»Ich wasche mich oft. Ich kann das nicht leiden, wenn ich fettige Haare habe. Meine Mutter sagt höchstens, ich soll nicht so lange duschen.«*

Duft oder Dreck – alles relativ

Natürlich lebe ich in der Hoffnung, dass entweder irgendwann die Einsicht kommt oder dass wenigstens die Plantschlaune noch lange anhält. Denn, wie meine Freundin Stefanie mir erzählte, es kommen noch ganz andere Zeiten. Bei Kindern in der Vor-Pubertät fangen die Schweißdrüsen an zu arbeiten und, so meinte Stefanie, »wenn die sich dann auch noch raufen, kommst du nach Hause und es stinkt wie in einem Pumakäfig.« Schöne Aussichten. Bleibt die Hoffnung auf einen frühen Beginn der Pubertät. Da kommen sie angeblich aus dem Badezimmer nicht mehr raus.

Sauberkeits-erziehung

Mama, ich muss mal«, sagte der zweieinhalbjährige Luca letztens, und die anwesende Mutter eines ebenfalls Zweieinhalbjährigen fragte erstaunt: »Ist der etwa schon sauber?« Irgendwer scheint so eine Art Wettbewerb unter Eltern ausgeschrieben zu haben: »Wessen Kinder sind zuerst sauber?« Luca ist so halb sauber. Er verrichtet seit einigen Wochen seine großen Geschäfte auf dem »kleinen Klöchen«. Angefangen hat das mit seinem unaufhaltsamen Nachahmungstrieb. »Was andere machen, will ich auch, was Jana kann, will ich ganz besonders auch.« Oft ließ er sich bereitwillig Hose und Windel ausziehen und setzte sich auf den Topf, mitten im Geschehen, hatte seine Pulle im Mund, spielte mit seiner Puppe, oder sang »Sum, sum, sum«, »Oh Tannenbaum …« und alle anderen Kinderlieder, die er kennt. Mal kam was – mal nicht. Mittlerweile sagt er immer, wenn er seinen Darm entleeren muss: »Ich muss mal.« Riechende Windeln gibt's also nicht mehr, vielleicht, weil er selbst eine sehr feine Nase hat.

Mit dem ›Training‹ hat es keine Eile. Wenn man damit beginnt, ehe das Kind körperlich bereit dazu ist, verlangt man etwas, wozu es noch nicht fähig ist. Stress ist die Folge.

Das Große und das Kleine Geschäft

Jetzt geht's also noch um das Pipi. Ein paar Versuche, ihn ohne Windel laufen zu lassen, sind im Sommer draußen mal geglückt, jetzt in der Wohnung beteuert er zwar: »Ich sag dann einem Bescheid«, aber das klappt meistens, zum Leidwesen des Teppichs oder der Polstermöbel, nicht. Hat er eine Windel an, spürt er manchmal, dass er muss. Und fragt: »Mama, hab' ich 'ne Windel an?« Wenn ich bejahe, sagt er: »Gut« und pinkelt dann genussvoll in die

Windel. Wenn ich zurückfrage: »Musst du denn mal? Soll ich das Klöchen holen?«, sagt er: »Nein« und pinkelt, vielleicht etwas weniger genussvoll, auch in die Windel. Er will selbst bestimmen, wann er was macht. Die Verrichtung dieser Geschäfte ist ja nun mal eine ganz persönliche Angelegenheit. Sauberkeitserziehung hat auch etwas mit »Abgeben« zu tun. Wie viele Kinder sind entsetzt, wenn sie unter Anfeuerungsparolen ihrer Eltern zum ersten Mal ein schönes Häufchen hervorgebracht haben und Mama und Papa nichts Besseres zu tun haben, als dieses »heilige« Produkt im großen Klo auf »Nimmerwiedersehen« verschwinden zu lassen? Da versteht ein Kind doch die Welt nicht mehr. Andererseits geht's natürlich auch um die Frage: »Ab wann sind Kinder körperlich überhaupt in der Lage, ihre Ausscheidungsorgane zu kontrollieren?« Die Darmmuskeln sind im Durchschnitt so etwa im dritten Lebensjahr von den Kleinen kontrollierbar. Bei der Blase dauert das möglicherweise noch etwas länger. Am Tag gelingt der Weg zum Klo verständlicherweise eher als in der Nacht.

> ### Nichts erzwingen
> *»Selbst ist der Mensch« scheint ein wichtiges Prinzip bei der Sauberkeitserziehung zu sein: Luca lüftete sein »Klogeheimnis« mit folgender Erklärung: »Mama, ich pinkel' in die Hose, damit ich 'ne Windel anziehen kann.«*

Umstellungsprobleme

Meine Freundin Marion hat drei Töchter. Johanna und Helena sind vier Jahre alt, Theresa ist drei.
Lange Zeit bedeutete das: drei Wickelkinder. Ein Grund zum Feiern für Marion und ihren Mann Markus, als alle drei ohne Windel auskamen. Im Griechenlandurlaub bröckelte das errungene Terrain. Ab und zu nässte ein Kind nach dem anderen ein – die vierjährige Helena fast jede Nacht. Und das im Urlaub: in das Reisebettchen und natürlich ohne Waschmaschi-

Manche Erziehungs-strategien haben un-erwartete Folgen.

ne. Markus und Marion vermuteten als Ursache für den »Rück-schritt« die ungewohnte Urlaubssituation und das Heimweh der Mädchen. Um den Kindern den Druck etwas zu nehmen, kauften sie direkt am ersten Tag nach der Rückkehr ein Paket Windeln. So konnte das Thema auch erstmal lockerer behandelt werden. Aber Kinder reagieren ja nun mal oft anders als erwartet. Johanna, kaum eingeschla-fen, machte plötzlich auch ihr Häufchen in die Windel.

Ein Schritt vor – zwei zurück

Markus kombi-nierte: »Klar, wir haben sie wieder wie ein Baby be-handelt, also verhält sie sich auch so.« Kom-mando zurück. »Wir haben einen großen Fehler ge-macht«, erklärte Marion am nächsten Tag ihren Töchtern. »Das mit den Win-deln war eine falsche Idee, ihr seid doch große Mädchen, ihr könnt auch ohne Windel schla-fen.« Jeden Abend wurde nun da-rauf geachtet, dass alle drei vor dem »Schlafengehen« einen Klo-besuch machten. Außerdem gab es eine Erlaubnis: »Wenn ihr nachts müsst, dürft ihr jeder-zeit aufstehen und aufs Klo gehen.« Na super. Das fanden sie richtig klasse. Sie konnten schließlich die ›Zubettgeh-Zeit‹ noch selber mit rausschieben.

Die Angst und das Wasser

Natürlich können auch schon bei jüngeren Kindern ein seelisches Problem, Ängste, Unsicherheiten, sich zurückgesetzt fühlen durch die Ankunft eines Geschwisters die Ursache sein. Eine weit verbreitete Therapie, nach dem gesunden Menschenverstand nahe liegend, ist der Entzug von Trinkbarem schon ab nachmittags. Das löst das Problem jedoch nicht. Jana hat auch mit etwa vier Jahren nachts wieder ins Bett gepinkelt. Wir haben die Milchflasche, die sie wieder zum Einschlafen erhielt, seit eben der jüngere Luca auch eine bekam, weggelassen. Aber irgendwann sagte sie immer, sie habe Durst. Zwar versuchte ich, sie davon abzubringen, habe ihr aber dann doch ein Glas Wasser gegeben. Danach hat sie nicht eingenässt. Erscheint paradox, wirkt aber. »Bettnässen als Signal von Angst kann sogar mit Wasser wirkungsvoll bekämpft werden«, behauptete die französische Psychoanalytikerin Francoise Dolto. Denn: Trinken beruhigt.

Bitte keinen Druck auf die Blase

Das Einnässen erledigt sich in den ersten fünf bis sechs Lebensjahren meist von selbst. Kinder in diesem Alter gehören nach Expertenmeinung noch nicht zu den eigentlichen Bettnässern. Sie sind erst etwa ab dem dritten Lebensjahr überhaupt in der Lage, ihre Blase zu kontrollieren. Eltern sollten es nicht zum Sport machen, ihre Kinder so früh wie möglich trocken zu kriegen. Und für die wettbewerbsorientierten Eltern sei gesagt: Pedanterie, Eigensinn, Überangepasstheit, Zwanghaftigkeit, Aggression und verkrampftes Sexualverhalten gelten oft als Folge von zu früher, erzwungener Sauberkeit.

89

Schimpfworte

Mama, du bist ein Dummkopf«, sagt Luca manchmal zu mir und seine Augeln funkeln mich herausfordernd an. Jana greift den Spaß dann auf und bekräftigt die Aussage ihres Bruders: »Mama, du bist ein Dummkopf«, findet dann auch sie. Meist versuche ich mich zu wehren: »Wieso bin ich ein Dummkopf?«, frage ich verunsichert oder sage mit fester Stimme: »Ich bin kein Dummkopf.« Meine Irritation und auch mein Bestreben, mich von diesem Vorwurf irgendwie freizustrampeln, bewirken in der Regel das Gegenteil. »Mama, du bist ein Dummkopf«, kommt es wieder, und je mehr ich mich wehre, desto mehr Dummköpfe kriege ich um die Ohren. Zum Schluss geht es dann nur noch: »Dummkopf, Dummkopf, Dummkopf«, und dabei kriegen sich die beiden Dreikäsehochs vor Lachen kaum noch ein.

Von Dummköpfen und anderen Tieren

Angefangen hat das alles ganz harmlos. Ich glaube, das Erste war: »Fang mich doch, du Eierloch«, das hatten sie irgendwann im Kindergarten aufgeschnappt und wendeten es zu Hause mit Begeisterung an. Meist, wenn sie ins Bett sollten, liefen sie mir davon und riefen immer diesen Satz: »Fang mich doch, du Eierloch.« Irgendwann kamen der »Blödmann« und der »Quatschkopf« dazu. Bei letzteren beiden bin ich mir nicht mehr so sicher, ob sie die aus dem Kindergarten haben oder ob sie die nicht doch bei uns manchmal … Nein. Alles Schlechte kommt selbstverständlich aus dem Kindergarten, dafür hat man den ja. Die neueste und bislang standhafteste Kreation ist das originelle Wort »Pupsmann«, besser noch »Pupsimarmelade«. Natürlich auch aus dem Kindergarten,

> ### »Kosewörter«
> »Meine Mutter findet das nicht so gut, wenn ich ›Missgeburt‹ zu meiner Schwester sage, aber in der Klasse, da rutscht einem schon mal sowas raus.« (Judith)

kam es irgendwann bei uns zu Hause an und blieb. Seitdem wird alles bei uns »gepupst«: »St. Martin ist ein Pupsmann«, »lass mich nicht so lange pupsen …«, und auch Weihnachtslieder dürfen nicht auf Verschonung hoffen: Kling Glöckchen, klingelingepups.

Nun habe ich mich mal bei anderen Müttern umgehört und zu meiner Beruhigung erfahren: Pupsen ist »in«. Auch Biggis Sohn Jonas z. B. kreiert ohne Ende Pupswörter, sehr zum Leidwesen seiner Mutter. Ebenso wie ich gibt sie sich Mühe, ihrem Sohn dieses Wort irgendwie auszutreiben, doch auch sein Spaß scheint mit dem Ärger der Mutter proportional anzusteigen.

> ## Mama, das sagt man nicht
> *Keine Lösung ist es, wenn man die Kinder mit »Dummkopf« oder ähnlich tituliert. Kinder probieren die Wirkung der Wörter aus, sie wollen damit nicht ernsthaft angreifen oder beleidigen. Erwachsene hingegen kennen die Bedeutung der Worte, und Kinder fühlen sich beleidigt, wenn ihre Eltern sie als »Dummkopf« bezeichnen. Erwachsene können eine Sache an ihrem Kind kritisieren, sie sollten aber niemals die Person selbst infrage stellen.*

Den Reiz des Verbotenen ausbooten

Biggi hat hin- und herüberlegt, wie sie mal einen Tag Ruhe vor der »Pupserei« hat, und griff zu folgender Lösung: Eines Morgens, als Jonas wieder heftig in alle Wörter »pupste«, sagte sie zu ihm: »Heute darfst du sagen, was du willst.« Die Wirkung war durchschlagend: Jonas sagte noch einmal »Pupsschlafanzug« und einmal »Pupsschokopops« und das war es für den Tag.

91

Wenn ein Kind die Mama »blöde alte Kuh« nennt, kann man das auch mit Humor nehmen. Denn böse Absicht seitens der Kinder steckt sicher nicht dahinter.

Man sagt ja, Kinder lernen auch durch Vorbild. Ab und zu rutscht es mir raus, dieses Wort mit Sch… Ich kann es nicht verhindern, gebe mir allerdings auch keine sonderliche Mühe, weil ich denke: Auch Eltern dürfen schon mal fluchen. Nur kann ich es dann auch nicht den Kindern verbieten. Meine Kinder gebrauchen dieses Wort komischerweise so gut wie nie. Höchstens, wenn ich es sage und dann in Begleitung eines Satzes, den sie wiederum auch nur aus dem Kindergarten haben können: »Scheiße sagt man nicht.«

Und die ganz schlimmen Wörter

Leider nicht aus dem Kindergarten, sondern von meinem 73-jährigen Vater haben sie das noch schlimmere Wort: »A…loch«. Am ersten Weihnachtstag saßen sie mit ihm zusammen, und er las Weihnachtsbilderbücher vor. Auf einer Seite entdeckte Luca Engel. Ganz erfreut rief er aus: »Da sind Engelchen, Opa.« Mein Vater, aus dem Kölner Raum stammend, hatte den Kölner Kunsthistoriker Lützeler gekannt und erinnerte sich an die von ihm überlieferte Geschichte von dem weiß gekleideten Mädchen in der Fronleichnamsprozession. Sie hatte den Kommentar einer ortsfremden Dame am Straßenrand aufgeschnappt, die die »hübschen weißen Kommunionskinderchen« bewunderte. Das konnte das Mädchen so nicht stehen lassen und hatte ihr aufgebracht entgegnet: »Mer sin doch Engelscher, du Aaschloch!« Das alles fiel meinem Vater ein und er sagte zu mir gewandt: »Das sin Engelscher, du Aaschloch.« Luca war entsetzt. Aufgebracht und wütend fuhr er meinen Vater an: »Meine Mutter ist kein Arschloch.«

Schlafen

Nachts wird geschlafen, das ist doch klar. Mal besser, mal schlechter – mal mehr, mal weniger. Bis zu Janas Geburt habe ich über diesen Tatbestand, glaube ich, überhaupt nicht nachgedacht. Das wurde dann schlagartig anders. Die Kreuzworträtselfrage einer Freundin: »Dauerzustand junger Mütter mit fünf Buchstaben – muede« bringt ungefähr auf den Punkt, welchen zentralen Raum das Thema Schlaf nach der Geburt eines Kindes einnehmen kann. Schlaflose Nächte mit schreienden Kindern und oftmals einfach tief schlafenden Vätern. Mütter mit immer größer werdenden Ringen unter den Augen und immer tiefer liegenden Furchen im Gesicht versuchen das Nötigste im Haushalt geregelt zu kriegen, während süße, rosige Babys zu ihrem ersten Vormittagsnickerchen ansetzen. Schlaflose Nächte gehen irgendwann vorüber. Und mit der Zeit konzentrieren sich die Tagesnickerchen auf eins am Vormittag und eins am Nachmittag. Im Laufe des zweiten Lebensjahres verschwindet dann auch noch das Vormittagsschläfchen. Doch Schlafen bleibt ein Thema.

Jetzt schlaf endlich

Flaschen und Nuckel in Hülle und Fülle gehören in den meisten Haushalten mit kleinen Kindern zur Standardausrüstung. Einfallsreiche Eltern scheuen auch vor größeren Aktionen nicht zurück: So werden Kinder in den Kinderwagen gepackt und durch die Gegend gefahren, um dann, wenn die Augen endlich zugeklappt

»Müde bin ich, geh' zur Ruh, schließe meine Äuglein zu?«

93

Rituale geben Ruhe

Ein ruhiges, gleichförmiges Ritual, wie eine Geschichte vorlesen, noch über den Tag sprechen, ein Lied singen, gibt Kindern Sicherheit. Die Zeit dafür kann man vorher fest einplanen, dann entsteht kein Druck. Kinder fühlen sich nicht mal eben abgeschoben und haben eine klare Orientierung.

sind, in ihr Bett getragen zu werden. Mich wundert es auch nicht, dass zwischen 12 und 14 Uhr die Straßen häufig verstopft sind. Wie oft haben wir Jana mittags mit dem Auto durch die Gegend gefahren, bis sie endlich einschlief. Andere Eltern haben mir gestanden, auch abends nochmal das Auto anzuspannen.

So etwa zwischen drei und vier Jahren fällt der Mittagsschlaf dann weg. Dafür sind die Kinder abends früher müde. In dieser Übergangsphase lässt sich dann häufig eine wundersame Gegenbewegung beobachten. Jetzt geht es nicht mehr darum: Wann schläft das Kind tagsüber? Sondern: Wie halte ich es bei Laune, wenn es um 17 Uhr abknickt, quengelt und müde wird? Schlafen ist schwer, durchhalten auch. »Komm, wir spielen noch was«, versuchen dann Mütter ab dem späten Nachmittag das Kind vom Schlaf abzuhalten.

»Bin aber nicht müde«

Im Bett, nach der Gute-Nacht-Geschichte, dem Gute-Nacht-Lied und dem Gute-Nacht-Kuss, wurden auch schon mal härtere Geschosse aufgefahren: »Muss mal Pipi«, gestand Luca plötzlich, obwohl noch Windelträger und tagsüber Kloverächter. »Hab' Hunger«, »ist so dunkel…, kann nichts sehen«, »hab' Bauchschmerzen« oder einfach »will mitkommen« waren die Begründungen. Und schließlich, wenn das alles nicht half, warf er noch sein für ihn schlagkräftigstes Argument in die Waagschale: »Die dicke Anna hat mich gekniffen.« (Die Rede ist von seinem Teddy.) So stand er also wieder in der

94

Wohnküche. Inspiriert durch den eingeschalteten Fernseher, kämpfte er weiter: »Will auch Gewachsenenfernsehen (im Gegensatz zu Kinderfernsehen) gucken.« – »Nein. Jetzt geht es ins Bett.« Ich stand auf, brachte ihn zurück, eine Minute später stand er wieder in der Tür.

Aber Mama ist müde

Das Ganze endete meist damit, dass ich mich neben ihn ins Bett legte, um abzuwarten, bis er die Augen zugeklappt hatte und sein Atem gleichmäßiger war. Nicht selten kam mir mein eigenes Schlafbedürfnis zuvor. Und Heiner, der auf mich gewartet hatte, konnte später nur noch berichten, wie wir selig und süß im Bett gelegen und unseren Träumen nachgehangen hatten. Die Nacht ist schließlich zum Schlafen da – ist doch klar. Heute, keine drei Monate später, klappt es merkwürdigerweise (zur Zeit jedenfalls). Luca fragt manchmal noch: »Was machst du jetzt?« oder »Kommst du nochmal wieder?« Ich verspreche immer: »Ich komme nochmal gucken.« Und tue das auch, selbst wenn ich weiß, dass er schon schläft. Nachts wird schließlich geschlafen. Wie das jetzt kam? Geduld und Zuverlässigkeit hieß wohl die Zauberformel.

Ein gemütlicher Fernsehabend, wenn die Kleinen schon im Bett sind, hält nicht immer das, was er verspricht.

Elternbett

An der Frage, ob die Kinder im elterlichen Bett schlafen dürfen, scheiden sich die Geister: Es gibt alle möglichen Varianten. Manche Kinder haben von Geburt an ihr eigenes Zimmer, etwa weil mindestens einer der Eltern es strikt ablehnt, das Bett mit dem Kind teilen zu müssen. Andere werden im Alter von zwei Jahren im Zorn von den Eltern in ihr Bett geschickt, weil sie im Schlaf versehentlich der Mutter in den Bauch getreten haben. Kinder haben jahrtausendelang ihr Bett mit anderen geteilt. In Stammeskulturen schlafen die Kinder fast immer bei ihren Müttern. Der enge Körperkontakt wird so lange wie möglich aufrechterhalten. Ein eigenes Kinderbett gibt es erst seit ein paar Jahrhunderten.

Wenn's beide mögen

Ein Kind kann nicht länger schlafen, nur um der Mama einen Gefallen zu tun. Es hat keinen Sinn, sich zu ärgern, wenn es früh auf ist – aber vielleicht kann es still spielen und eine Leckerei verputzen, ohne die anderen zu wecken?

Jana wandelt meist nachts zu uns herüber und kuschelt sich unter meine Decke. Ich muss gestehen, ich schlafe zwar gerne in Ruhe durch, aber ich gehöre auch zu den Leuten, die ganz gerne mit den Kindern kuscheln und das sehr genießen. Wenn man seinen eigenen seligen Schlaf gegen die nächtlichen Boxangriffe schützen will, hilft vielleicht die folgende Idee einer Bettverbreiterung: Im Matratzengeschäft einen dicken Schaumstoffblock zuschneiden lassen und neben das Elternbett legen. So kann man zumindest einigen »Schlägen« ausweichen. Wer sich dabei selbst nicht so wohl fühlt, kann vielleicht einen Kompromiss machen und ein Kinderbettchen ins Schlafzimmer stellen. So müssen schlaftrunkene Kinder nachts nicht unter Geheule zurückgeschickt werden und Eltern nicht zehnmal aufstehen, um zurückgeschickte Kinder zu beruhigen. Sie müssen sich auch nicht unruhig im Bett rumwälzen, weil das zurückgeschickte Kind weint – aus Angst vor bösen Wölfen, weil es schlecht geträumt hat oder das Klo nicht

alleine findet. Alleinschlaf-Fans sei zum Trost gesagt: Die Zeit, in der die Kinder nachts unsere Nähe suchen, ist begrenzt. Spätestens mit sechs oder sieben Jahren ist das Thema in den meisten Fällen vom Tisch.

Keine Ahnung, wie es anderen »Erwachsenen« geht. Bei mir ist es so: Spätestens wenn Heiner mal nicht da ist, fällt mir auf: Ich schlafe auch nicht so gern allein.

Bei der Mama schlafen

Eine Mutter erzählte mir, dass sie noch mit ihrer neunjährigen Tochter das Bett teilt. Nur wenn sie Besuch von ihrem Freund habe, müsse die Tochter in ihr eigenes Bett. Fast schon logische Konsequenz: Die Tochter akzeptiert den Freund nicht. Aber es gibt auch Kinder, die grundsätzlich mit ihren Eltern in einem Bett liegen. Eine Familie aus unserem Bekanntenkreis baute sich ein vier Meter breites Bett, in dem für alle vier Personen Platz ist. Eine gute Ausweichmöglichkeit für die Eltern ist das »Vaterbett« im Arbeitszimmer des Vaters. Aber was wollen Kinder eigentlich in unserem Bett, wo sie doch ihr eigenes haben? Ganz einfach: Wärme, Nähe und Geborgenheit. Bei uns ist das so: Jana und Luca schlafen abends bereitwillig in ihren Betten ein. Schätzungsweise so zwischen zwölf und zwei kommt Jana fast jede Nacht schlaftrunken durch den langen Flur zu uns herüber, kuschelt sich wortlos bei mir unter die Decke, um in meinem Bett selig weiterzuschlummern. Manchmal kriege ich das gar nicht mit. Manchmal werde ich durch einige »Boxer« unsanft aus meinen Träumen gerissen. Luca kommt erst morgens früh anmarschiert und fragt: »Mama, darf ich zu dir?«

> ### Es ist so dunkel...
> *Eine weitere Beruhigung: Verwöhnen tut man die Kinder nicht, wenn man ihnen im Elternbett Asyl gewährt. Sicherheit gewinnt ein Kind nicht dadurch, dass es gezwungen ist, nachts mit seinen Ängsten alleine zu sein, sondern dadurch, dass es weiß, an wen es sich damit wenden kann.*

Spiegel vorhalten

Flori ist zu Besuch. Luca und Jana freuen sich immer sehr, wenn ihre drei Jahre alte Kusine kommt, und begrüßen sie meist sehr stürmisch. Der ganze Tross begibt sich häufig recht zügig ins Kinderzimmer, um Mutter-Vater-Kind oder Ärztin und Kranker zu spielen. Luca darf manchmal das Baby oder das Gespenst spielen. In letzter Zeit ist er gelegentlich auch schon zum Papa avanciert, dann spielen Flori oder Jana das Schulkind. Die Rolle der Mutter ist sowieso immer begehrt. Manchmal allerdings geht Luca leer aus. Schluchzend kommt er dann angelaufen und stammelt mit tränenerstickter Stimme: »Mama, die lassen mich nicht mitspielen.« »Oh je«, erhebe ich mich seufzend und gehe mit dem »Außenseiter«, der mir natürlich auch leid tut, ins Kinderzimmer. »Wollt ihr den Luca denn mal mitspielen lassen?«, frage ich in die Runde. – »Nein.« – »Warum nicht?« – »Der macht immer unsere Höhle kaputt.«

So oft hinterfragt wie als Vater und Mutter, wird man später nie mehr.

Was du darfst, darf ich auch

Ich setze mich und hole zu meinem »schlagendsten« Argument aus: »Stellt euch mal vor, ihr dürftet bei einem Spiel nicht mitmachen, das fändet ihr doch auch nicht toll«, rede

98

ich den Damen ins Gewissen. Der Sinnes-
wandel folgt immer auf dem Fuße: »Okay, du
kannst mitmachen, aber nur, wenn du unsere
Höhle nicht kaputt machst.« »Ja«, sagt Luca
zufrieden und voller Erleichterung. Eine um-
strittene Methode, weil das verständliche Bedürfnis der großen Mädchen, auch mal alleine
zu spielen, keine Berücksichtigung findet.
Manchmal wird man ja mit seinen eigenen
Waffen geschlagen. Dass das »Spiegel vorhal-
ten« eine einleuchtende und sehr wirkungsvolle, weil
moralische Erziehungsmaßnahme sein kann, hat Jana
nämlich inzwischen auch erkannt: Als Luca bei
der nächsten Musik eines ihrer Kleider anziehen will, sagt sie klar: »Nein« und fügt be-
kräftigend hinzu: »Der soll aufhören mit der
Kleiderei.« Ich schmeiße mich für ihn ins Zeug:
»Aber wenn er doch will, er hat ja keine eigenen.«
Jana baut sich vor mir auf, stemmt die Arme in
die Hüften und sagt mit strenger Miene: »Du
magst doch auch nicht, wenn ich deine Kleider
anziehe, Mama.«

> ## Der Vorhaltespiegel und die Vorbilder
>
> *Für unsere Kinder sind wir ein wichtiges Vorbild. Es hilft, ab und zu das eigene Verhalten zu überprüfen. Kinder helfen uns dabei. Sie halten uns gelegentlich einen Spiegel vor.*

Kindertricks

Luca drückt. »Luca, musst du Pipi oder Aa oder hast du die Windel
voll?« Der so Angesprochene lacht sein charmantestes Lächeln,
»es« ist offenbar schon passiert. »Du Räuber«, sage ich und kitzle
ihn leicht. Da schaltet sich die große Schwester ein: »Mama, stell
dir mal vor, du wärst klein und hättest 'ne Windel an und ich wär'
die Mama und ich würd' sagen: ›Du Räuber‹, fändest du das toll?«
Gut, dass Jana noch nicht lesen kann. Dann würde sie aus Zeit-
schriften erfahren, dass man Eltern mit sowas nicht nur das Gefühl
geben kann, »ertappt« zu sein, manchmal verbunden mit einem

Wie der Papa

Heiner ist begeisterter Raucher. Letztens kam Luca von einer kleinen Spielplatz-Streiftour und hatte einen Zigarettenstummel zwischen den Zähnen. Stolz zog er daran und erklärte: »Guck mal, ich rauche, wie der Papa.«

schlechten Gewissen. Sie würde feststellen, dass man mit solch schlagenden Argumenten auch noch was für sich rausschinden kann. Unter »Tricks, wie ihr eure Eltern herumkriegt« wurde in der Kinderzeitschrift »geolino« die »Elefanten-Technik« erklärt: »Wie ihr sicher wisst, haben Elefanten ein irres Gedächtnis. Merkt euch alle Schwächen und Fehler der Eltern. Wenn sie ohne Helm Fahrrad fahren, bei Rot über die Ampel rasen, vor dem Essen naschen … Da ihr aber großzügig seid, macht ihr ihnen deshalb keine Vorwürfe – vorausgesetzt, ihr dürft eine Stunde länger aufbleiben.«

Gut auch, dass unsere Kinder einige unserer »Sünden« noch nicht mitkriegen: Wie wir die Salami manchmal ohne Brot essen oder gelegentlich ohne die Zähne zu putzen ins Bett fallen.

100

Es gibt einen kleinen Unterschied, manchmal

»Quod licet jovi, non licet bovi«, hat mein Vater uns früher öfter erklärt, wenn er beispielsweise gegen Ende des Essens genüsslich den Teller an den Mund setzte, um den Rest Soße zu trinken. Wir Kinder waren zwar des Lateinischen nicht mächtig, wussten aber trotzdem genau, was gemeint war: »Die Eltern dürfen mehr als wir.« Natürlich gibt es unterschiedliche Rechte für Eltern und Kinder: Kinder müssen in der Regel früher ins Bett, Kinder sollten nicht alleine im Dunkeln auf die Straße, Eltern dürfen rauchen im Gegensatz zu ihren Sprösslingen oder fernsehen und telefonieren, so lange sie wollen.

Aber was auch stimmt: Vorgelebtes wird nachgeahmt, ob wir das wollen oder nicht. Gehen Erwachsene bei Rot über die Ampel, tun Kinder das auch. Leckt die Mutter das Messer ab, animiert das den Zweijährigen dazu, es ihr nachzumachen.

Dazu fällt mir noch eine Geschichte ein. Ich habe einen Schrank, in dem ich meine »Privatsachen« – Fotos, Schmuck, Schleifen, Perlen, kleine Geschenke für die Kinder – aufbewahre. Dieser Schrank ist natürlich hochinteressant für die zwei. Neulich erinnerte Jana sich an die Schätze in meinem Schrank und

Judith und der feine Unterschied

»Wenn ich was will, was meine Eltern auch machen, dann muss ich verhandeln. Und wenn denen kein Argument mehr einfällt, dann sagen sie einfach: ›Das ist eben der feine Unterschied.‹ Das ist unfair, sie können sich damit immer rausreden, das kann ich nicht.«

machte sich »unauffällig« an einer Schublade zu schaffen. »Nein, das ist mein Schrank«, versuche ich sie zurückzuhalten. Kein Argument gegen das, was sie aufzufahren hat: Blitzschnell erinnert sie mich an meine »Schandtaten«: »Du gehst doch auch an meine Sachen und leihst meine Haargummis aus, ohne dass ich das will.« Stimmt!

Supermarkt

Wenn die Kinder dann anfangen zu schreien, weil sie die vierte Gummibärchentüte wieder zurücklegen sollen, muss man auch noch die bösen Blicke von anderen Kunden ertragen: »... der arme Kleine, solche Rabeneltern!«

Einkaufen mit Kindern im Supermarkt – ein Erlebnis. Es soll Mütter geben, die schweißgebadet, je nach Persönlichkeit dem Tobsuchtsanfall oder dem Nervenzusammenbruch nahe, daraus hervorgehen. Ein Tipp vorweg: Wenn es geht, etwas mehr Zeit als sonst einplanen. Mal eben einkaufen mit zwei Kindern – das kann man getrost vergessen. Bei uns läuft das z. B. so ab: Mit Roller und Puppenbuggy »bewaffnet« pilgern wir langsam gen Supermarkt um die Ecke. Spätestens am Nachbarhaus will Luca seinen Roller gegen Janas Buggy eintauschen, die will den Buggy aber behalten. Theater! Ich frage Luca, ob wir den Roller zurückbringen sollen: Nein. Falls wir bis zur Straßenecke kommen, will er spätestens hier auf jeden Fall endlich den Buggy haben. Jana will ihn behalten. Ich versuche ihn damit zu vertrösten, dass man ja vielleicht auf dem Rückweg tauschen kann. Den Roller auf meinen Schultern, Luca widerwillig an der Hand betreten wir den Supermarkt. Und jetzt wird's spannend.

Zweite Runde: Transportprobleme

Luca will in den Einkaufswagen. Ich setze ihn rein. Buggy und Roller quetsche ich darunter. An der Obsttheke will Jana die Tomaten, Birnen, Äpfel und was wir alles so brauchen abwiegen. Okay, ich hebe sie also mit jedem Beutel hoch an die Waage. Kein Beutel reisst, alle Etiketten kommen brav aus dem Automaten – Glück gehabt. Luca will runter. Ich hebe ihn aus dem Wagen, er holt Bananen und Zitronen, Kokosnüsse, Avocados, Kiwis und was er sonst noch so findet. Ich erkläre ihm, dass wir davon noch genug haben und fordere ihn auf, die Sachen zurückzulegen. Das klappt sogar. Es kommt ja schließlich noch mehr: das Süßwarenregal. »Mama, können wir das?«, fragt Jana und hebt eine Packung Kaubonbons in die Höhe. »Nein«, davon haben wir noch welche. »Ich möchte das«, ertönt Luca und schwenkt mir eine Tüte Lakritz entgegen. »Du hast heut' schon genug Süßes gegessen«, erkläre ich und schiebe weiter. Am Kühlregal will Jana einen Nussjogurt und einen Vanille-Pudding und eine ganze Batterie von diesen kleinen bunten Kinderjogurts. Luca ist verschwunden. Wir packen den Nussjogurt in den Wagen. Ich gucke etwas gehetzt nach Luca. Weit und breit kein Sohn. Ich eile durch die Gänge. Da sehe ich seine Latzhose, er ist schon Richtung Kasse vormarschiert und deutet auf etwas rundes Orange-Weißes. Ich rufe ihm zu: »Komm mal her und leg das wieder hin«, überprüfe den Einkaufszettel, packe noch zwei Tiefkühlpizzas ein und hechte zur Kasse.

Etwas Sinnvolles aussuchen

Um das Warenlabyrinth zu überstehen, hilft es, die Kinder mitaussuchen zu lassen. Gegen einen Apfel ist ja nichts zu sagen. Vielleicht können sie auch beim Käse oder Aufschnitt ein Wörtchen mitreden und die Cornflakes sind auch okay. Wenn man dann an den »Quengelregalen« steht, hat man so ein Argument mehr: »Du hast doch schon drei Sachen ausgesucht.«

Dritte Runde: die Quengelregale

Mittlerweile hat Luca das ergatterte Schokoladenei schon etwas eingedrückt. »Leg das zurück.« – »Mama, darf ich auch eins?«, fragt Jana. »Nein, ihr hattet schon genug Süßes«, wiederhole ich, mich in die Schlange einfädelnd. »Bitte, ich will auch nur die Überraschung.« – »Nein.« Wie standhaft kann die Mutter sein, steht auf den Stirnen der anderen Kunden geschrieben. Sind die Kinder gut erzogen? Hören sie oder nicht? Mit Spannung wird die Szene verfolgt.

Als letzte Hürde im Supermarkt erwartet einen schon, bunt glitzernd, das Süßigkeitenregal vor der Kasse.

»Quengelregale« nennt Wolfgang, ein befreundeter Vater, diese Regale voll mit Süßigkeiten, von den Supermarktchefs strategisch geschickt an der Kasse in Greif- und Augenhöhe kleiner Kinder platziert. Lollis, natürlich nicht einzeln, sondern im Zehnerpack, die berühmten Überraschungseier oder zähnevernichtende Kaubonbons. Und spätestens hier packt einen auch die Wut auf den Supermarktchef und seine »clevere« Strategie. Den Kindern kann man es eigentlich nicht verdenken, dass sie hier, in der Welt der tausend Angebote, nach den Süßigkeiten greifen, zumal alle anderen Menschen hier dasselbe tun. Wolfgang hat eine konsequente, ihn entlastende Methode:

Wenn seine Töchter das vielleicht schon halb geöffnete Überraschungsei aufs Band legen, nimmt er es und legt es zurück. Er fühlt sich nicht mehr gezwungen, das Zeug zu kaufen. »Sollen die Supermarktchefs gerade diese Ware doch wirklich anders platzieren.«

Süßigkeiten

Schlechte Zähne, mangelnde Abwehrkräfte, dicke Kinder, das sind die Horrorszenarien, die sich manchen Eltern auftun, wenn ihre Dreikäsehochs quengeln: »Kann ith noch wath Thüthes?« Einige haben sich deshalb ganz rigoros entschlossen, auf diese Frage mit »Nein« zu antworten. Wenn die nette Verkäuferin im Laden dem Sprössling einen Lolli vor die Nase hält, greifen sie ein und sagen: »Nein, da müssen Sie mich fragen.« Tatsache ist: Die Vorliebe für Süßes ist angeboren. Babys schmecken nicht nur auf der Zunge, sondern im ganzen Mund. Das liegt daran, dass sie mehr Geschmacksknospen haben als Erwachsene. Und diese befinden sich nicht nur auf der Zunge, am Gaumen, im hinteren Rachen und auf den Mandeln, einige sitzen sogar auf den Innenseiten der Wangen. Gepolt sind sie alle gleich – auf süße Muttermilch. Von der Natur ganz clever eingerichtet, hält sich diese Vorliebe für Süßes bei den meisten Menschen eisenhart.

> ## Süßer Trost – nein danke
> *Gerade zu Beginn des Lebens werden auch Weichen für die Essgewohnheiten gestellt. Das Bedürfnis nach Süßem ist normal, aber Eltern sollten versuchen, das Zuckerwerk zu dosieren. Als Trösterchen sind Schokolade und Co. nur in den seltensten Fällen angebracht. Trost kommt durch Zuwendung, und die darf nicht durch Süßes ersetzt werden.*

Süße Vorlieben

Zucker, Zucker, Zucker, von allen Seiten Zucker und das bei jeder Gelegenheit, als Trostpflaster, als Ersatzbefriedigung oder einfach nur aus Spaß. Andererseits malt mir eine Kollegin, während sie mit Zucker bestreute Schnuller in sich reinmümmelt, in den dunkelsten Grautönen ein Leben ohne Zucker aus: »Bei uns zu Hause war es oft furchtbar: Es gab nicht mal eine verbotene Süßigkei-

105

Keine Vorräte

Die Lösung liegt wahrscheinlich, wie so oft, in der Mitte: Süßigkeiten in Maßen. Meine Kollegin Kathrin etwa kauft Süßes nur am »Büdchen«. Zwar ist es dort teuer, aber überschaubar. Zuckerstangen, Colaflaschen und Teufelchen können einzeln gekauft und verputzt werden und sind dann auch weg.

tenschublade, wo man wusste, wenn man genug quengelt, dann kriegt man ein Stück Schokolade. Nichts. Wer was wollte, bekam einen Apfel, ich wollte aber keinen Apfel. Heute habe ich ein echtes Defizit.« Timmi und Lena, die vierjährigen Zwillinge von Kerstin, bekommen die Süßigkeiten, die so an Geburtstagen, Feiertagen und zu Verwandtenbesuchen auflaufen, dosiert. Die Eltern deponieren sie irgendwo, und gelegentlich als Nachtisch oder abends vor dem Zähneputzen gibt es dann »Nahrung für Naschkatzen«.

Genuss ohne Reue

In Stresssituationen erinnern sich viele Menschen an die süßen Tröster der Kinderzeit. Aber Schokolade gegen Kummer bringt nicht selten Kummerspeck.

Zu Nikolaus hatte Kerstin die Sache mit dem Dosieren in die Hände der Kinder gelegt. Die beiden bekamen einen Nikolaus-Teller hingestellt mit den Worten: »Teilt es euch gut ein. Wenn ihr heute alles aufesst, habt ihr morgen nichts mehr.« Lena nutzte die Gunst der Stunde. »So viel und alles für mich«, dachte sie wohl. Abends war ihr Teller leer. Die Quittung folgte leider auf dem Fuße: Die ganzen Schokoladennikoläuse, -kugeln, -herzchen kamen als braune Soße wieder raus. Tim stand daneben und schaute sich das Schauspiel an. Beide Kinder waren offenbar sehr beeindruckt. Jetzt, nach diesem ungeplanten Lehrstück, mäßigen sie sich von selbst, stellen die Eltern fest. Erwachsene Geschmacksknospen und die größerer Kinder wie beispielsweise Janas lassen sich auch durch Oliven oder Leberwurst anregen. Anders in Stresssituationen: Da erinnern sich viele Menschen an die Zeiten, in denen Muttermilch das Größte war, und futtern ordentlich Zuckerwerk in sich rein.

Wutausbrüche

Dann bin ich aber gar nicht mehr deine Freundin« erklärt Luca voller Trotz, wenn etwas nicht nach seinem Geschmack läuft. Meist dreht er sich dann zur Wand oder wirft sich aufs Sofa und ist sichtlich beleidigt. Häufig muss ich mir das Lachen verkneifen. »Das ist aber schade, sei doch wieder unsere Freundin«, ist meine Reaktion.

»Wenn das mit dem eigenen Willen losgeht ...«, hatte mir eine Freundin mit einem älteren Kind verheißungsvoll angekündigt, den Satz aber dann nicht beendet. Ich konnte ahnen: Am Anfang sind sie ja noch süß, aber dann wird ziemlich schnell klar: Auch kleine Wesen haben schon ihren eigenen Kopf und wollen den auch durchsetzen. Wenn das nicht geht, sind sie natürlich enttäuscht: »Immer seid ihr die Bestimmer.«

Ich will aber nicht

Bei Jana fing das an, als sie ein Jahr alt war. Wenn etwas nicht so lief, wie sie es sich vorstellte, wenn sie die Zuckerdose, das Putzmittel oder ein anderes Objekt ihres Begehrens nicht bekam, war sie sauer. Sie fing an zu schreien, warf sich auf den Boden und gebärdete sich etwa wie ein kleiner Ziegenbock. Am Anfang waren wir relativ hilflos, nach einiger Zeit wurden Heiner und ich auch sauer. Weder warme Worte noch vorsichtige Zärtlichkeiten konnten ihre Wut beschwichtigen. Nicht nur ihre Nerven waren stark beansprucht, auch unser Nervenkostüm litt unter solchen Wutausbrüchen – vor allem, wenn sie in »öffentlichen« Räumen, auf der Straße oder im Supermarkt oder bei Bekannten stattfanden. »Was sollen die anderen Eltern von mir denken?«

Ab etwa zwei Jahren kann man Kindern zeigen, wie man mit Wut umgeht: Die Wut – auch laut und deutlich – mit Worten, aber nicht mit Taten ausdrücken, das fällt leichter, wenn man die Worte dafür hat.

107

Anderen Eltern geht es ähnlich

»Jetzt kriegen die mit, dass ich der Situation gar nicht gewachsen bin. Und deren Kinder sind ja so lieb.« Am liebsten würde man unterm Kanaldeckel verschwinden oder doch zumindest so tun, als gehörte das Kind jemand anderem. Bis ich mitbekam, wie ein anderes Kind aus Janas Kindergarten-Gruppe sich auf die Straße warf. Die Mutter war ebenso genervt wie ich in solchen Situationen. Ihr verzweifelter Blick nach dem Kanaldeckel war nicht zu übersehen. Ein kurzer Dialog brachte wohl uns beiden Erleichterung: »Sag mal, macht deine Tochter das auch?« – »Ja, meine macht das auch.« – »Gott sei Dank!« Kleine Kinder werden so etwa ab dem ersten Lebensjahr erstmals für uns sichtbar von ihren Gefühlen überrollt. Sie haben noch nicht gelernt, sie zu dosieren, geschweige denn zu steuern, und flippen aus. Das ist normal.

> ### *Was bei Wüterichen hilft*
>
> *Die beste Hilfe ist, die Wut auszuhalten. Wenn die Kinder sich auf den Boden werfen, mit den Füßen auf den Tisch trommeln: Nicht versuchen, sie zu beruhigen, sondern sie erstmal in Ruhe lassen. Hinterher kann man sie dann ganz normal, ohne Vorwurf, wieder ansprechen.*

Was passiert in Kinderköpfen?

Kleine Kinder müssen erst lernen, mit den neuen Gefühlswallungen von Wut und Trauer, die sie selber noch nicht kennen, umzugehen. Sie testen Grenzen aus und gucken, wo sie liegen. Auch das ist normal. Aber wie gehen wir damit um? Auch ausflippen? Wir erweisen weder uns noch den Kindern einen Dienst, wenn wir versuchen, sie zu »beschwichtigen«. Das erzeugt möglicherweise noch mehr Wut. Selber zornig werden ist auch nicht der richtige Weg. Heute artikuliert Jana ganz genau, wenn sie anderer Meinung ist. Sie sagt dann solche Sätze wie: »Ich mach', was ich will.« – »Ich kann selber bestimmen, was ich mache.« – »Das ist meine Sache, nicht deine.« – »Ich kann das selber kennen, was richtig ist.« Sie erfasst meine Tendenz, »die Bestimmerin« zu sein, messerscharf. Letztens sagte sie zu mir: »Mama, du musst dem Papa nicht immer sagen, was er zu tun hat, der kann das auch selber sagen.«

Den meisten Eltern hilft es, in solch nervenaufreibenden Situationen zu wissen, dass die Kinder sie nicht mit Absicht tyrannisieren. Sie müssen erst lernen, negative Gefühle und innere Spannungen auszuhalten.

109

Zärtlichkeiten

Kleine Kinder sind ja so süß. Und Erwachsene haben eigentlich ununterbrochen das Bedürfnis, diese zarten Wesen zu herzen und zu küssen. Dieser Vorgang des Herzens und Küssens wiederholt sich unzählige Male am Tag. Wenn die Kleinen weinen, wenn sie schlafen, wenn sie gerade friedlich im Sandkasten spielen oder wenn sie einfach nur so an uns vorbeilaufen, können wir oft nicht umhin, sie hochzunehmen und ihnen einen Kuss auf die Wange, die Stirn, die Nase oder sonstwohin zu drücken. Auf Gegenliebe stoßen überschwängliche Gefühlsausbrüche nicht unbedingt. Es hat sogar den Anschein, als ginge es bei diesem fast unwillkürlichen Kusswunsch eher darum, uns selber was Gutes zu tun als den quirligen Stöpseln, denen der Sinn im Moment mehr danach steht, Fußball zu spielen, Trecker zu fahren oder die Schwester an den Haaren zu ziehen. Gar nicht daran zu denken, wie es wird, wenn das eintritt, was uns erfahrene Eltern schon vor einiger Zeit prophezeit haben: Spätestens wenn sie in die Schule kommen, ist es vorbei mit der Küsserei.

Jedes Kind schmust und kuschelt gerne, aber wenn es im Augenblick nicht mag, sollte man das akzeptieren. Ein »Nein!« in diesen Situationen kann für Kinder lebenswichtig sein.

»Mag keine Küsse«

Welcher große Mensch von sechs Jahren will schon gerne von Mama oder Papa vor seiner Freunde Augen abgeknutscht werden? Bei Söhnen soll das am schlimmsten sein. Unsere Kinder sind erst zwei und vier, und auch sie haben das schon voll drauf mit der Abwehr, und zwar auch, wenn kein anderes großes Kind zuschaut. »Mag keine Küsse«, sagt Jana, wenn man sie küssen will. Und wenn es schon passiert ist, ohne dass sie es rechtzeitig gemerkt hat, wischt sie sich voll Abscheu den Kuss von ihrer Backe und reicht ihn mir zurück: »Da bitte, zurück.« Ganz schön bitter ist das manchmal. Luca, der Zweijährige, tut es seiner Schwester gleich und echot direkt: »Mag auch keine Küsse. Hier zurück.«, lispelt er und fährt dabei mit den Händen erst in sein Gesicht und streckt sie mir dann entgegen. Das schmerzt. Was tun?

Zart war ich, bitter war's

»Komm sei lieb, gib Mama ein Küsschen!« – Auf keinen Fall. Zärtlichkeiten kann man nicht einfordern. Nein heißt nein. Kinder müssen lernen, ›nein‹ zu sagen, schon zu ihrer eigenen Sicherheit. Außerdem: Ein erzwungener Kuss schmeckt auch gar nicht. Egal, ob er von Erwachsenen- oder Kinderlippen stammt.

Mamas Männer

Zu Hilfe kam mir irgendwann Heiner, mein Mann, und nicht zuletzt wohl auch Herr Ödipus. Als ich morgens ins Büro wollte, küsste Heiner mich zum Abschied. Luca schien uns beobachtet zu haben, brüllte von weitem: »Meine Mama«, kam auf uns zugestürzt, schubste seinen Vater grob zur Seite und gab mir einen dicken, feuchten Kuss auf den Mund – fast ganz freiwillig.

Warum sind Babys so zum Knutschen?

Der Zoologe Desmond Morris hat zwei wunderbare Begründungen für die ewige Knutscherei von Erwachsenen an Babys gefunden, zumindest wenn sie sich verletzt haben: Dann nämlich kommt die Mutter zum Einsatz. Sie küsst die Stelle, die ihrer Meinung nach schmerzt, und oft sagt sie: »Mit einem Küsschen wird alles wieder gut.« Das Geborgenheitsgefühl, das durch die »sanfte Zärtlichkeit« vermittelt werde, sei tröstlich, erklärt Morris. Durch das Küssen auf das »Aua« übt sich die Mutter in einem uralten magischen Brauch: Sie saugt die »bösen Kräfte« aus, die den Schmerz angeblich verursacht haben.

Impressum

Es ist nicht gestattet, Abbildungen und Texte dieses Buches zu digitalisieren, auf PCs oder CDs zu speichern oder auf PCs/Computern zu verändern oder einzeln oder zusammen mit anderen Bildvorlagen/ Texten zu manipulieren, es sei denn mit schriftlicher Genehmigung des Verlages.

Weltbild Buchverlag, Augsburg
© 1999 Weltbild Verlag GmbH, Augsburg
2. Auflage 2000
Alle Rechte vorbehalten

Redaktion: Monika Parzinger
Umschlag: Lydia Koch
Layout: Peter Pfeiffer
DTP/Satz: Dirk Risch, München
Reproduktion: Kaltner Media GmbH, Bobingen
Druck und Bindung: Offizin Andersen Nexö – ein Betrieb der INTERDRUCK Graphischer Großbetrieb GmbH, Leipzig

Gedruckt auf chlorfrei gebleichtem Papier

Printed in Germany

ISBN 3-89604-390-0

Herzlichen Dank

Herzlichen Dank für jede Menge Hilfe, Tipps, Geschichten und gute Ideen an: Judith Kersting, Alexandra Kaiser, Hans Raffauf, Jacob Junker, Max Burdach, Stefanie Junker, Christel Boßbach, Kathrin Sanders, Petra Engels, Marion Mainka, Traudl Conzelmann, Biggi und Ulli Appel, Kerstin Kuck, Tina und Wolfgang Golemjewski, Angela und Barbara Krüger, Susanne Krings, Caroline Raffauf, Johanna und Hans-Joachim Raffauf, Alexander Abel, Hartwig Masuch und Josch Pöllath. Ganz besonders an: Jana, Luca und Heiner Kämmer.

Die Autorin

Elisabeth Raffauf, geboren 1960 und Mutter zweier Kinder, ist Diplompsychologin und Autorin in Köln. In der Erziehungsberatungsstelle Euskirchen leitet sie Gruppen für Eltern pubertierender Jugendlicher und für junge Mädchen. Sie schreibt Reportagen und Beiträge für den WDR, u. a. die regelmäßige Rubrik »Psychotipp«. Im Weltbild Verlag sind von ihr die Titel »Mein Kind macht, was es will« und zusammen mit Christel Boßbach »Mama, wie bin ich in Deinen Bauch gekommen?« erschienen.

Der Illustrator

Peter Pfeiffer wurde 1967 geboren. Er studierte Kommunikationsdesign an der Fachhochschule in Mainz und besuchte das College of Art and Design in Plymouth/Großbritannien. Seit 1997 ist er freischaffend als Illustrator und Gestalter für verschiedene Verlage, Agenturen sowie im Bereich der elektronischen Medien tätig.

Literatur

Bettelheim, Bruno: Zeiten mit Kindern. © Herder. Freiburg 1994

Dolto, Francoise: Alltagsprobleme mit Kindern und Jugendlichen. © Beltz Quadriga. Weinheim/Berlin 1992

Hacke, Axel: Der kleine Erziehungsberater. © Kunstmann Verlag. München 1992

Morris, Desmond: Babywatching. © Heyne Verlag. München 1992

Raffauf, Elisabeth: Mein Kind macht, was es will. © Weltbild Verlag. Augsburg 1998

Rogge, Jan-Uwe: Kinder brauchen Grenzen. © Rowohlt Taschenbuch Verlag. Reinbek 1993

Rogge, Jan-Uwe: Kinder haben Ängste. © Rowohlt Taschenbuch Verlag. Reinbek 1997

York, Ute: Nachschlagen statt Zuschlagen. © Mosaik Verlag. München 1994